Peter Hacks

JONA

Peter Hacks

JONA

Trauerspiel in fünf Akten

Jona, Beiwerk und
Hintersinn

Aufbau-Verlag

JONA

Trauerspiel in fünf Akten

Jona
Semiramis, *Königin von Assur*
Asyrte, *ihre Tochter*
Eskar, *Feldherr*
Belit, *Schwester des Königs Menua von Ararat, eine Geisel*

Ninive, Tigris-Terrassen der Königsburg. Die Handlung spielt Ende des 9. Jahrhunderts.

ERSTER AKT

Asyrte, Eskar.

ASYRTE
Der Vorwurf ist, Sie lieben eher matt.
ESKAR
Matt oder kühn, Genörgel lieb ich nicht.
ASYRTE
Es ist kein Nörgeln. Ihnen fehlt der Mut.
ESKAR
Das hört sich Assurs Feldherr staunend an.
ASYRTE
Sie setzen nichts aufs Spiel, mich zu gewinnen.
ESKAR
Ich wage, was Besonnenheit erlaubt.
ASYRTE
Was meine Mutter Königin erlaubt.
ESKAR
Semiramis, auch wenn sie plagt, ist Assur.
ASYRTE
Wer Assurs Heer befiehlt, kann Assur zwingen.
ESKAR
Der Untertan den Staat! jetzt rasen Sie.
ASYRTE
Besser gerast als tatenlos geliebt.

Beide ab, zurück.

ESKAR
Asyrte.
ASYRTE Eskar, liebster Fürst, was sprach ich.

ESKAR
Was Sie nicht meinen, ich, was ich nicht fühle.
Das Herz, das liebende, ist launenvoll.
Roh wie ein Löwe und gerissen wie
Ein Affe fügt es Pein und Wunden zu
Aus Liebe und ist fürchterlich aus Liebe.
Das darf nicht schaden. Bauen müssen wir,
Und fest, darauf, daß, wie wir uns verletzen,
Es ohne Arg geschah im Grund der Brust.

ASYRTE
Nie mehr, aus keinem Anlaß, will ich streiten.

ESKAR
Vertrauen biet ich an und fordre es.

ASYRTE
Mich reizt die Ungewißheit unsres Glücks.
Was hat die Mutter, daß sie immer ausweicht?
Ich will Ihr Bestes, murmelt sie, jed Ding
Hat seine eigne Zeit. So immer fort:
Ausflucht, Verschiebung, Ja für Nein. Und alles
Krank, eitel, unerledigt. Der Geschäftsgang
Ist weibisch hier und macht noch mich zum Weib.

ESKAR
Sie sehn sie schief, Sie stehen ihr zu nah.
Von Göttern ist die Krone, nicht der König,
Der Kopf in ihr wird besser nicht beurteilt,
Denn solches Arg zeugt nicht der ärgste König,
Wie wenn kein König wäre.

ASYRTE
Ja, und doch,
Oh daß mein Vater, König Schamsch, noch lebte.

ESKAR
Er ist lang tot. Man wünscht nicht, was nicht ist.

ASYRTE
Ich wünsche nur, was werden soll und kann.
Die Mutter hat zwei Kinder, mich, die Ältre,
Und meinen Bruder Gotthelf, der zur Welt

Nach Vaters Tod kam und so unmißkennbar
Zur Herrschaft fehlschlug und für den den Stab
Sie stellvertretend hält seit fünfzehn Jahren.
Doch endlich will das Reich sein Morgen wissen.
Es ist an ihr, die Zukunft zu bestimmen,
Indem sie einen sich zur Seite ruft
Und in dem den, der nach ihr König wird,
Den besten Mann. Der können Sie nur sein,
Der Assur oft in mancher Not bewahrte,
Fest als er selbst und fest gelehnt an Babel,
An dessen Riesenschulter Assur groß ist
Und ohne das ein Korn im Völkerhaufen.
Dem Nebenherrscher aber kann die Heirat
Sie mit der Erbprinzessin nicht verweigern.
Des Reichs Morgen sind wir, nicht ungeübt
Zum Purpur und erprobt. Weshalb dann zögert
Sie die Erlaubnis sonderbar hinaus?
Fürst, halten Sie für möglich …

ESKAR Was für möglich?

ASYRTE
Daß sie Sie für sich selbst begehrt und vorhat,
Das Bett mit Ihnen und den Thron zu teilen?

ESKAR
Die, mich für sich?

ASYRTE Im Undurchschaubaren
Erheben sich die seltsamsten Verdächte.

ESKAR
Fort mit all dem. Ich bringe eine Nachricht,
Die alles ändert. Mich erheben muß
Die Königin und wirds.

ASYRTE Ich hoffe gern.

ESKAR
Es ist viel mehr als Hoffnung. Ararat,
Das wilde Nachbarreich im Norden, das
Seit Jahren, Babels innre Schwäche nutzend,

Den Grenzverlauf mit Waffen uns bezweifelt
Und unsres Zepters Unterwerfung fordert
Und Abfluß unsrer Schätze – Ararat
Beginnt den Stoß und wagt den vollen Angriff.

ASYRTE
Wagt sich an Babel? Babel ist nicht mehr schwach.

ESKAR
Doch Assur gilt für Babels schwache Stelle.

ASYRTE
Ist dieser Krieg gewiß, die Kunde sicher?

ESKAR
Sie kennen Belit, die für Ararat
Als Bürgin lebt in dem Palast der Geiseln?

ASYRTE
Oft sah ich die Prinzessin, Mitleid spürend.

ESKAR
Ich hasse sie wie ihr gesamtes Volk.

ASYRTE
Gefangen haust sie, eine Fremde.

ESKAR Schnippisch,
Als wäre sie nicht roh und unbelehrt.

ASYRTE
Gerecht zu sein, sie atmet Liebreiz aus.

ESKAR
Ich weiß, woher sie kommt, und will nicht gerecht sein.
An jene Belit fing Semiramis
Ein Schreiben ab von ihrem Herrn und Bruder.

ASYRTE
Dem raschen Menua? Was sprach der Brief?

ESKAR
Er sprach, wie man dort spricht, im Ausdruck nördlich:
Kann sein, geliebte Schwester, man erdrosselt
Sie dieser Tage, kann auch sein, man läßts,
Wie immer, Ararat bricht auf und steigt
Zum Strom herab und steht vor Assurs Eingang,

Und falls Sie heute in Burg Assur sterben,
Ists in ner Burg, die morgen uns gehört.

Asyrte

Zärtlich besorgt, ein wahrer Brudergruß.
Dann ist der Krieg bereit und unabwendbar.
Dann ist der Feldherr auch der Herr im Land,
Dann muß die Mutter rücken auf dem Thron,
Dann werden Sie und ich dort mit ihr thronen,
Dann wird das Königtum, das, fernhin sichtbar,
Des weiten Reichs sonst unverbundne Glieder
Als gottgesetzte Mitte um sich ordnet,
Anders besorgt und edler sein als jetzt.

Eskar

Sobald zur Königin ich Zutritt finde,
Erbitte ich, ertrotz ich Ihre Hand.
Assur verlangt mich, ich verlange Sie.
Ich will Ihr Gatte und muß König sein.

Asyrte

Die ewgen Mächte haben unsern Stand
So voller Huld uns zugewiesen, daß
Wir, den wir lieben müssen, lieben dürfen,
Und heiter sind wir wie zwei Bauern, denen,
Dem Hang zu folgen, gern gestattet ist.
Zwar der geliebte Freund, wenn er sich nun
Von meiner Brust reißt, eilt dem Feind entgegen.
Hier, diesen Stirnreif leg ich Ihnen an.
Er sollte meine Liebe meinen, nun
Wird Ihnen aus dem Aug das Haar er halten,
Wenn es nach Speeren umschaut und dem Rauch
Der schattenwerfenden Pfeile. Nein, des Trosts
Bedarf ich nicht. Ich liebe einen Krieger.

Eskar

Ich sauge Ihren Reiz mir ins Gedächtnis.

Asyrte

Was rührt sich dort und drängt dem Strom entgegen?

Den Tigrisfluß durchfurcht, in zwei ihn teilend,
Die hohe Wölbung einer blauen Schulter,
Zu der in unvorstellbar weitem Abstand
Ein Schwanz die aufgerissne Fläche peitscht.
Wenn alles das ein Fisch ist, ists ein Walfisch.
Da, sehn Sie!

ESKAR Aber ja.

ASYRTE Der Fisch legt an
Und legt das platte Kinn auf unsre Mauer
Und blinzt verschwommen unter nassen Brauen
Und öffnet breit den Schlund. Da, sehn Sie!

ESKAR Ja.

ASYRTE
Ein Mensch jetzt geht hervor aus jenem Walfisch
Und geht herab jetzt von des Walfischs Zunge
Und tritt herein nach Ninive. Sie sehn
Ja gar nicht hin. Sie sehn nur immer mich.

ESKAR
Sie haben Recht, Bezaubernde, da kommt
Ein Walfisch, und ein Mann kommt aus dem Walfisch.
Gehn wir es melden.
Beide ab.

Jona, von vorn.

JONA Meinen schuldigsten Dank, Herr, für die Errettung aus so gewaltigem Dunkel. Ihre Güte ist sehr groß; denn Sie selbst haben mich hineingestoßen, und ich weiß, wieviel Überwindung es kostet, eine Maßnahme, die man einmal getroffen hat, wieder zurückzunehmen. Herr, ich rühme, ich lobe; freilich, es wäre übertrieben gelobt, wollte ich andeuten, ich befände mich hiernach viel besser. Was für eine Zumutung, eine Stadt zum Untergang zu verurteilen, im Fall sie es verdient. Natürlich ist der Fall gegeben. Natürlich verdient sie es. Ich wüßte keine Stadt, die es nicht verdiente; wenn weiter nichts Nachteiliges erfordert ist, so bedarf es wirklich keiner besonderen Untersuchung und keiner aufsehenerregenden Reise in einem tranigen Sarg. Aber wie Sie wollen, Sie sind der Gott. Ich werde diesen Ort Ninive besichtigen, seine Sitten einschätzen und, wenn nötig, seine Vertilgung durch Schwefel und Feuersturm veranlassen; bisher übrigens sieht alles sehr nett und reinlich aus. Ich muß abbrechen, Einwohner nähern sich.

Semiramis, Eskar, hinten.

SEMIRAMIS Sprechen Sie mit diesem Menschen und ohne Schärfe oder Vorurteil; denn wenn er in einem Fisch angereist ist, ist er mutmaßlich ein Ausländer.

ESKAR Sofern er aber Böses im Schild führt?

SEMIRAMIS Ich vertraue ihm voll, da Sie es sind, der notfalls mein Leben schützt.

ESKAR *geht zu Jona an die Rampe* Mein Herr, ich bin Eskar, der Heeresbefehlshaber im Land Assur, und dort im Tor steht die Königin selbst, Semiramis.

JONA Mein Name ist Jona, ich komme aus Jerusalem.

ESKAR Da Sie in Ninive fremd sind, kann ich Ihnen mit Auskünften dienen?

JONA Wie sind die Leute hier?

ESKAR Gewöhnliche Leute. Betrüger, Mörder, Spitzel.

JONA Wie in Jerusalem auch. Und die Staatsverwaltung?

ESKAR Bricht ihr Wort, führt Krieg, ohne ihn zu erklären, erklärt Krieg, ohne ihn zu führen, und tötet lieber zehn Unschuldige, ehe sie einen Schuldigen entwischen läßt.

JONA Auch nichts Außergewöhnliches also. Was sollte ich von der Königin wissen?

ESKAR Sie hat ihren Gatten ermordet, Schamsch, er war ein großer König.

JONA Den eigenen Gatten? Das ist vielleicht stärker als üblich.

SEMIRAMIS Beliebt man, meine Gegenwart zu vergessen?

ESKAR Herr Jona, die Königin wünscht, etwas über Ihre Beschäftigung und über Ihre Absichten zu erfahren.

JONA Ich bin Prophet, ich arbeite am Hof des Königs Jerobeam, Gott hat mich gesandt, um Erkundigungen einzuziehen und Beobachtungen anzustellen.

ESKAR Weshalb in einem Walfisch?

JONA Da wir schnell zu einem gewissen Grad der Offenheit vorgedrungen sind – die Geschichte ist, ich hatte mich Gottes Befehl verweigert und war zu Schiff über Jaffa nach Kleinasien geflohen, und Gott erregte meinethalb einen Seesturm, und die Schiffsleute schmissen mich ins Wasser, und der Walfisch verschlang mich und brachte mich binnen drei Tagen hier her.

ESKAR Dann haben Sie offenbar mehr durchgemacht als jemals ein Mensch.

JONA Finden Sie?

ESKAR Drei Tage im Magen eines Walfischs.

JONA Ich meinerseits frage mich nämlich, ob nicht der Walfisch mehr durchgemacht hat als jemals ein Fisch. Ich habe natürlich gebetet, die ganzen drei Tage lang. Stellen Sie sich sich selbst vor, mit einem betenden Hering in Ihnen.

ESKAR Ich möchte mich mir so nicht vorstellen.

JONA Ihnen wäre zum Speien, nicht wahr? Und er? Erst schluckt er einen vollständigen Menschen, samt Gottes Zorn, der auf dem lastet, herunter, wofür seine Kehle kaum eingerichtet ist. Dann durchschwimmt er mit ihm die tiefsten Tiefen des Weltmeers.

Eskar Wahrhaftig, die tiefsten Tiefen?

Jona Genau. Mir verschlug es ja nichts, oben oder unten, aber für den Walfisch muß es schrecklich gewesen sein. Und dann den Tigris hinauf, zwischen all den Sandbänken. Ich kann nur mutmaßen, wie man sich da fühlt, ein Walfisch im Tigris und mit einem Priester an Bord.

Semiramis *nähert sich* Wie lange soll ich noch herumstehen? Wer ist der Mann?

Eskar Ein Prophet.

Semiramis Weshalb hat er gekämmte Haare?

Eskar Königin, er lebt am Hof von Israel.

Semiramis Fragen Sie ihn, ob die Ägypter die Verbindung vom Nil zum Roten Meer fertiggestellt haben.

Eskar Wissen Sie etwas über einen Kanal vom Nil zum Roten Meer?

Jona Nichts.

Eskar Herr Jona weiß nichts von einem derartigen Kanal.

Semiramis Dann hat der Fisch das Tal Tumblat zu Fuß durchquert, oder aber er hat Afrika umrundet.

Eskar Die Königin verlangt zu erfahren, ob der Fisch, bevor er in den persischen Busen einlief, durch die Wüste gegangen sei oder Afrika umrundet habe.

Jona Sehen Sie, der Fisch hatte keine Fenster.

Semiramis Was erwidert er?

Eskar Der Fisch hatte keine Fenster.

Semiramis *tritt heran* Ein Prophet, das heißt, Sie verkehren mit dem Himmel?

Jona So ist es.

Semiramis Aber Sie tragen keinen Schmutz unter den Nägeln.

Jona Ich reinige sie.

Semiramis Und Sie werden nicht Ihren Anzug anfassen und mitten entzwei reißen und mir Ihren bloßen Hintern und Ihre Schamteile zeigen?

JONA Der Gedanke liegt mir fern.

SEMIRAMIS Ich mag keine nackten älteren Männer. Es gibt mir nichts. Springen Sie anfallsweise in die Luft? Haben Sie Zuckungen?

JONA Nie.

SEMIRAMIS Aber sicherlich gehören Sie zu denen, die jeden Vorschlag fünfzig Mal wiederholen müssen, sei es in gleicher oder in kaum abgeänderter Form.

JONA Jerobeam, mein König, würde eine solche Angewohnheit nicht dulden. Er liebt Vorschläge so wenig fünfzig als auch nur ein Mal zu hören.

SEMIRAMIS Ich sehe doch, Herr Hofrat, Sie verkehren nicht nur mit dem Himmel, sondern gelegentlich auch mit anständigen Leuten. Propheten, nun ja, im Grunde haben sie einen angesehenen Beruf.

JONA Gewiß, solange sie dasselbe sagen wie jedermann.

SEMIRAMIS Wir verstehen uns. Ich weiß weltkundige Fachleute zu schätzen. – Möglicherweise unterstelle ich ihm die Kanzlei fremde Kirchen. Er könnte Tempel bauen, wem er immer will, dafür ist Geld da. – Würden Sie an meinem Hof weilen und mir dienen?

JONA Ich würde an Ihrem Hof weilen und Gott dienen.

SEMIRAMIS Gott, nicht mir?

JONA Nur Gott.

SEMIRAMIS So haben Sie keinen Wunsch?

JONA Doch, Königin. Einen Sessel.

SEMIRAMIS Einen Sessel?

JONA Ja, hier auf der Palasttreppe.

SEMIRAMIS Das ist wirklich alles?

JONA Vielleicht unter dem Kürbis, wenn es sich machen läßt.

SEMIRAMIS Bringen Sie dem Herrn Hofrat Jona einen

Sessel, Eskar. *Eskar ab. Semiramis* Ich habe eben vor, mich mit Fürst Eskar über die neue Kriegslage zu unterreden, kann sogar sein, wenn es sich ergibt, über andere, noch vertraulichere Dinge. Was will Gott, daß Sie hier ausführen?

JONA Mich umsehen, wirklich, das ist alles.

SEMIRAMIS Sie können den Mund halten?

JONA Gott allein erfährt meine Gedanken.

SEMIRAMIS Nun, das stört nicht. Aber Sie prüfen uns?

JONA Gleichsam.

SEMIRAMIS Am Ende erstellen Sie auch ein Gutachten?

JONA Nun, zu gewissen Schlüssen gelangt man immer.

SEMIRAMIS Heißt das, der Himmel wird unsicher, ob er die Menschen hätte schaffen sollen?

JONA Gnädige Frau, er war da nie sicher.

SEMIRAMIS Herr Jona, ich lade Sie ein zu bleiben. Mir liegt daran, daß Gott allem zusieht, was ich tue. Richten Sie sich ein so behaglich Sie mögen, Gott ist eingeladen.

Eskar.

SEMIRAMIS Ah, der Sessel. Stellen Sie ihn in den Schatten, Fürst, bringen wir, was zu erledigen ist, hinter uns.

ESKAR Auch ich hätte ein unaufschiebbares Anliegen zu offenbaren.

SEMIRAMIS Nun, vielleicht frage ich Sie danach.
– Hineingeschaffen in der Erde Mitte,
Beneidet von nicht wenigen um nicht wenig,
Ist Assur ganz doch nur auf eines stolz,
Auf diesen Mann, Eskar, den Tapfersten
Und wahrhaft Schönsten. Dieser freie Blick,
Schwellende Arm, durch Kraft gewölbte Busen,
All diese fleischgewordne Mannestugend

Läßt Assurs Feinde zittern und Assurs Frauen,
Jene aus banger, die in süßer Sorge.

ESKAR
Mir widerstrebt solch offnes Lob.

SEMIRAMIS
Der Grund?

ESKAR
Aus Tadel lernt man, Lob sagt mir nichts Neues.

SEMIRAMIS
Also Bescheidenheit ist nicht sein Grund.
Kein Weib, das diesem sich nicht freudig beugte.
Jede begehrt ihn, er ist aller würdig.
Wo seine Wahl sich hin neigt, keine, sei
Sie noch so reif, so voll mit Reizen blühend,
Die Schwersterreichbare, die Höchstgestellte
Nicht schlägts ihm ab.

ESKAR
Ists denkbar, Sie gewähren
Den ungeheuren Wunsch, bevor ich bat?

SEMIRAMIS
Wenn Eskar wünscht, heißt das, es ist gewährt.

ESKAR
Ich liebe hoch hinaus.

SEMIRAMIS
Throne und Kronen
Sind Zierat nur und Schmuckwerk Liebenden.

ESKAR
Asyrte wird ihr kecker Vorwitz reuen.

SEMIRAMIS
Wie jetzt kommt meine Tochter ins Gespräch?

ESKAR
Sie glaubt ja …

SEMIRAMIS
Was?

ESKAR
Die Törin glaubt, Sie hätten
Für eine andre mich erwogen.

SEMIRAMIS
Wen?

ESKAR
Nun ja, sie glaubts nun einmal – für sich selbst.

Semiramis

So, glaubt sie das? Wahrscheinlich müssen Töchter
Auf ihre Mutter eifersüchtig sein.
Nein, Fürst, Sie sollen unser Kind und alle
Mit dem verbundne Macht durchaus besitzen.
– Ein krauser Geist und wunderlicher Rechner,
Er wünscht zu erben, was er haben kann.
– Doch wenn ich Ihre äußerlichen Gaben
Mehr, als sich in der Regel schickt, erwähnte,
Geschahs nicht dieser kleinen Sache wegen.
Sie werden ... Was nun folgt, ist ein Befehl.

Eskar

Begieriger als je gehorche ich.

Semiramis

Belit aus Ararat, die Königsschwester
Des Menua, der uns zur Zeit beschäftigt, –
Sie werden Ihre Neigung ihr erklären.

Eskar

Ich meine Neigung jener?

Semiramis
In der Tat.

Eskar

Gewiß begierig bin ich zu gehorchen.
Aber Sie selber ließen mich erfahren ...

Semiramis

Daß Menua uns überfällt. So brachte
Es Belits Bote. Mir und Belit.

Eskar
Belit auch?

Semiramis

Oh ja, ihr auch. Erst mir, im Anschluß ihr.
Der Bote ist ein Mann vom Golf, als welcher
Stromauf und ab nen Schmuggel unterhält
Mit eingesalznen Hauseneiern, Schminken,
Brustbeuteln, die vor bösen Geistern schützen,
Und leider auch mit Nachrichten von Belit
An Menua und Menua an Belit.

Ich sprach, als er in Stricken vor mich kam:
Du gibst den Brief, ganz wie du solltest, Belit,
Doch von dem Tag an, wo du plauderst, daß
Ich teilhab an dem stillen Postverkehr …
Hast du Familie? – Eine große, sprach er,
Und sie wächst allzu rasch. – Von jenem Tag an,
Versetzte ich, wird sie dann nicht mehr wachsen,
Und ließ mein Auge ruhn auf seinem Beinkleid.
Er nickte, ging und brachte ihr den Brief.

ESKAR
So weiß sie schon den Krieg und wird mich hassen.

SEMIRAMIS
Sie liebt Sie, Fürst, sie weiß, daß sie sonst stirbt.

ESKAR
Wo aber läge von dem Spiel der Sinn?

SEMIRAMIS
Auf jeden Fall ist gut, wenn man den Feind
In Zweifel setzt.

ESKAR
Aber man setzt damit
Den Freund in Zweifel auch.

SEMIRAMIS
Ja, das ist auch gut.

ESKAR
Erlauben Sie mir, Königin, zu sprechen,
Bevor dies völlig durchgesprochen ist?

SEMIRAMIS
Fürst, ich erlaube Ihnen heute viel.

ESKAR
Ihr Auftrag, was sein Ziel sein möge, lenkt
Von meiner Arbeit ab und kostet Zeit.
Der Brief des Menua, er ist unschätzbar
In Händen eines Schlachtenkundigen.
Er sagt mir, wann der Feind sich zeigt und wo.
Er steigt vom Rücken nieder des Gebirgs.
Doch ich kann vor ihm auf dem Paß erscheinen
Und überraschend dem, der selber mich

Zu überraschen vorhat. Sieg ist Handwerk,
Ich will in meiner Sorgfalt nicht gestört sein.

SEMIRAMIS
Sie siegen schon? Noch ist kein Krieg begonnen.

ESKAR
Beginnen wir ihn denn, ihn ganz zu enden.

SEMIRAMIS
Weshalb der Eifer gegen Ararat?

ESKAR
Die Leute dort sind roh.

SEMIRAMIS Das ist ein Wort.
Ich finde fast, sie ähneln uns ein wenig.

ESKAR
Mehr als ein wenig und nur allzu sehr.
Sie gehn in Schuhen, wie wir, sie bauen Straßen
Und legen Gräben an, wie wir, und nennen
Dieselben Dinge bei denselben Namen
Und sind doch roh. Sie stellen Häuser auf
Und leben dort nach dem Gesetz der Steppe.
Sie heißens einen Staat und blieben Horden.
Menschen von früher, die sich peinlich in
Erinnrung bringen. Warum bleibt das nicht
In seiner Zurückgesunkenheit? Das ist
Der Grund von meinem Eifer: daß sie roh sind,
Und daß sie uns ein wenig ähneln.

SEMIRAMIS
Nu, es sind einfach wilde Menschen.

ESKAR Was:
Wild oder Menschen? Gern bekämpf ich die.

SEMIRAMIS
Ein Feldherr kämpft nicht gegen einen gern,
Gegen den andern minder gern. Er kämpft
Gern, gegen den er kämpft. Er tötet nicht
Aus Abscheu, er verabscheut, weil er tötet.
Was heißt hier: Ararat ein roher Staat?

Es ist ein Staat. Feind also oder Freund,
Ganz je nach dem. Will sagen, je nach mir.

ESKAR
Was zu dem Krieg befiehlt die Königin?

SEMIRAMIS
Verteidigung und äußersten Hinausschub.

ESKAR
Dem raschen Feind des Angriffs Vorteil schenken?
Nicht ich, der Stand der Dinge zwingt zur Tat.

SEMIRAMIS
Semiramis wird sich nicht zwingen lassen,
Von keinem Kenner und von keinem Ding.
Vermeidung, sagte ich, von allem Lärm.
Hiervon verlang ich, den Entwurf zu sehn.
Mein lieber Fürst, ich will mich nicht entscheiden.

ESKAR
Auf Ehre, so gewinnt man keine Schlacht.

SEMIRAMIS
Die Welt ist etwas größer als ein Schlachtfeld.
Wir sind mit Babel gegen Ararat.
Doch fragen wir: was ist das für ein Bund?
Binden wir Babel oder Babel uns?
Sind wir nicht roh für Babel? Ist vielleicht
Nicht besser, die Gesitteten der Wilden
Sein als die Wilden der Gesitteten?
Wir haben andre Feinde als im Norden,
Warum nicht andre Freunde als im Süden?
Im Heere meines Todfeinds will
Ich mindestens Major sein. Ferner, innen.
Assur quillt über von Verschwörungen
Gegen den Thron. Für Ararat, für Babel
Oder einfach so. Und keine unter denen,
An deren Spitze ich nicht leitend wirke.
Man muß auf jeder von den Seiten stehn,
Der des Gewinners und der des Verlierers,

Denn das Vorauszusehende ist das,
Was hinterher mit Sicherheit nicht eintritt,
Und wer den Ausgang plant zum Anbeginn,
Der ist kein Herrscher, sondern ist ein Narr.

ESKAR
Nach meiner weit geringern Einsicht ist
Des Feldzugs Lage klar zu unsern Gunsten.

SEMIRAMIS
Nein, ist sie das? Dann müssen wir, in eine
Sie gründlich umzuwandeln uns beeilen,
Die unklar ist. Genug von diesem Stoff.
Genug Vernunft für einen General.
Sie gehen und erringen Belits Herz,
Auf eigne Kappe, das versteht sich, scheinbar
Mir gegnerisch, verschwiegen gegen alle.

ESKAR
Kein Mensch wird als Asyrte es erfahren.

SEMIRAMIS
Auch die nicht. Keiner als nur Sie und ich.
Können Sie schweigen, mein verliebter Feldherr?
Benutzen Sie den Possen, den Gehorsam,
Schon in der Brautzeit, Ihres Weibs zu prüfen.

ESKAR
Liebe, die Liebe prüft, ist arme Liebe.
Doch hochverständig fühlt Asyrte, sie
Vertraut mir voll.

SEMIRAMIS Der Kriegsrat ist geschlossen.
Zu Jona Sie schütteln den Kopf? Beschuldigen Sie mich vielleicht, wie mein Feldherr, ich stände vorsätzlich dem Feind bei?

JONA Das halte ich für undenkbar; denn ich glaube, Sie haben nie Vorsätze. Worüber ich den Kopf schüttle, ist, daß Sie mich diese Sorte von Gesprächen mit anhören lassen.

SEMIRAMIS War das nicht Ihr Begehr?

JONA Es kränkt mich ein wenig, daß Sie ihn so ohne Scheu erfüllen.

SEMIRAMIS Sie möchten, daß ich Ihretwegen meine Rede beaufsichtige?

JONA Es wäre immerhin ein Zeichen von Achtung.

SEMIRAMIS Wer sind Sie, daß ich vor Ihnen Geheimnisse haben sollte? Ich habe vor meinem Koch keine Geheimnisse, und Sie sind bloß ein Prophet.

JONA Ich nehme aber an, dem Koch ist die Zunge herausgeschnitten.

SEMIRAMIS Nein, das ist hier bei uns in Assur nicht nötig.

– Sie, Eskar, tun, wie ich Sie bat, mit Belit.
Und unversäumt. Denn für die kleine Mühe
Ist großer Vorzug Ihnen zugedacht.
Zum andern Herrscher in dem Reich von Assur
Laß ich Sie heut zur Mittagsstunde steigen,
An diesem Ort, dem Volk von Ninive
Festlich erscheinend nach der Art der Götter.

ZWEITER AKT

Jona. Auftritt Belit, sie ist stark geschminkt.

BELIT Damit wir uns verstehen, Herr, sind Sie mein Mörder?

JONA Nein. Werden Sie ermordet?

BELIT Erdrosselt.

JONA Nicht von mir.

BELIT Dann entschuldigen Sie. Eskar, der Feldherr, befahl mir, ihn auf diesem Platz zu erwarten.

JONA Ist das nicht ein eher günstiges Zeichen?

BELIT Hier? Auf der Tigristerrasse, die, bei heiligster Bedrohung, ausschließlich Mitgliedern des königlichen Haushalts aufgespart ist, noch nicht einmal allen von denen und jedenfalls keiner Geisel? Einen Befehl des Feldherrn verweigern bedeutet den Tod, hier sich aufhalten bedeutet den Tod, der Witz des Befehls liegt darin, daß er, gleichviel ob ich ihm folge oder nicht folge, den Tod bedeutet. Nun erblicke ich Sie, einen Fremden. Was lag näher, ich mußte Sie verdächtigen.

JONA Wirklich, es macht nichts.

BELIT Es war kaum anzunehmen, daß der Feldherr selbst es besorgt. Doch.

Eskar.

BELIT

So viel, tatsächlich, bin ich denen wert.
– Fürst, Sie sind pünktlich, hierfür danke ich,
Und dankbar wär ich für ein schnelles Ende.

ESKAR
Sie haben, edle Dame, nichts zu fürchten.
BELIT
Oh nein, ich fürchte nichts. Entschieden vor
Zieh ich den fürchterlichen Freund, den Tod,
Dem fürchterlichen Leben, das ich hier,
Ein Gast des Staats, denn so bezeichnet Assur
Die Menschen-Pfänder, Sklaven von Geblüt
Und falschen Zeugen frommen Grenzvertrauens,
Hinschleppend dulde.
ESKAR
Wie, so scharf?
BELIT
So scharf.
Im Wortschatz der entfalteteren Völker
Steht Gastrecht für Gefängnis. Nicht ein Tag
War, wo nicht Übelkeit zu unterdrücken,
Assurs Gestank in Kleid und Mund und Nase,
Das letzte forderte von meinem Willen.
Haß gab mir Kraft zu schmecken und zu lächeln.
Ich litt an Assurs Festen, jubelte
An Assurs Trauertagen, teilte zitternd
Mit Assur jede Ungewißheit, nur
In gegenteiliger Meinung. Eine Labsal
War meiner Brust belassen: Assurs Plagen.
Jetzt leid ich freudig im Vorausgefühl,
Daß Assur hin sein wird und Babel weg und
Der ganze Pomp der Überhebung wider
Menschliche Einfalt und daß Ararat
In meiner Sterbestunde über euch
Wie Steinschlag herbricht und Lawinenmasse,
Das Volk der Berge über das der Ebenen.
Kein Umschweif, Herr. Heraus mit Ihrem Mord.
ESKAR
Sie schrecken mich. Ich weiß nicht, wie beginnen.
BELIT
Dann schließen Sie.

Eskar Mit echtem Schmerz erfahr ich,
Daß einem Lande, das Sie hoch verehrt
Und jederzeit, vermischt mit Mitleid, achtet,
Sie so stark abgeneigt.

Belit So abgeneigt wie
Das Ende der Welt der Welt.

Eskar Dann trennen Sie,
Ich fleh Sie an, Ihr Fühlen gegen mich
Von jener allzu allgemeinen Unlust.

Belit
Wie, Assurs Feldherr spräche nicht für Assur?

Eskar
Nicht mein Beruf, es ist mein Ich, das fleht.

Belit
Ich rechnete mit Tod.

Eskar Ein Mißverständnis.

Belit
Weshalb, wenn nicht als Mordvorwand, der Treffpunkt?

Eskar
Des Zwiegesprächs Vertraulichkeit zu schützen.

Belit
Herr, ich vernehme.

Eskar
Nein, sanfter. Kälte friert den Mund mir zu,
Des Herzens Wünsche finden keinen Ausgang.

Belit
Was hätte denn Ihr Herz, das es nicht hat?

Eskar
Ihre Geneigtheit.

Belit Jeder Bittende
Beginnt mit seiner Fordrung kleinstem Teil
Und einer kleinen Bitte. Jetzt die ganze.

Eskar
So stark befragt erbitt ich Ihre Liebe.

Belit
Eh, sie erwägen eine neue Richtung.
Ich war zu sicher, und ich schlug zu schnell.
Nur schrankenlose Frechheit macht das gut.
– Ich war aus Tods vermeinter Näh von Sinnen.
Ich weiß nicht mehr, was ich Verworrnes sprach.
Ich hoff, es war nicht meine tiefste Wahrheit:
Daß Assur mich umgarnte und sein Held.

Eskar
So unvermutet kommt dies wie erbeten.

Belit
Ich hasse kaum, doch hasse jeden Haß.

Eskar
Ich glaubte niemals Sie des Hasses fähig.

Belit
Ich liebe, wo ich darf, doch zweifelte,
Ob ich hier durfte. Ja, wer bin ich denn,
Was Ararat, das nur im Krieg herausragt,
In den Vergleich gesetzt mit Assurs Höhe?
In Assur denken alle Menschen viel,
Und selbst die Frauen, weiß ich, sind Gelehrte
Und haben Kenntnis von dem Weiten Ganzen
Und sprechen von dem Staat so unterrichtet,
Mit solch beschlagner Hurtigkeit, wie ich
Von meiner Robe nur und meinem Wagen
Zu sprechen wüßte. Wenn ich Assur schmähte,
Dann das Gesamt der Gründe schmähte ich,
Die meinem Wert entgegen sich vereinen.

Eskar
Noch fand man keine Gründe gegen Schönheit.

Belit
Das reden Sie mir ein. Wie könnte Ihnen
Wohl mein Geschwätz gefallen?

Eskar
Es entzückt mich,
Da das Wort Liebe ich darin vernahm.

Belit

Freilich, ein Mädchen sagt nichts Falsches, weil
Es sagt nichts Großes.

Eskar Liebe ist größer als Großes.

Belit

Ach, nicht für einen Mann.

Eskar Nun …

Belit Ja? Sie stocken?

Eskar

Die überrasche Wirkung meines Werbens
Macht mich fast stumm. Sie sind die Meine?

Belit Ewig.

Eskar

Sie sprechens aus, allein in einem Ton,
Als sei ich wirklich hier, Sie hinzurichten.

Belit

Und Sie, als wären Sie mein Henker noch.

Eskar

Prinzessin, ich bin rauh.

Belit Fürst, ich bin schwach.

Eskar

Da sehen Sie, wie Sie im Vorteil sind.

Belit

Ein Angedenken, Herr, an diesen Nu
Soll das genossne Glück mich glauben lassen.

Eskar

Was immer mein sei, ist bereits Ihr Eigen.

Belit

Der schöne Stirnschmuck.

Eskar Ausgenommen der.

Belit

Oh ja, das Glück war groß und ist nicht glaublich.

Eskar

Noch darf ich öffentlich mich nicht bekennen.
Liebe muß auf der Hut sein. Dieser Reif

Verriete uns, bevor es ratsam wäre.

BELIT

An mir verwahr ich, keiner je erblickt ihn.

ESKAR

Vor allen, wünschte ich, Asyrte nicht.

BELIT

Ich wills bei unserm Glück beschwören, keiner.

ESKAR

Prinzessin, schwören Sie!

BELIT Bei unserm Glück.

ESKAR

Dann, nun dies abgemacht ist, darf ich gehn.

BELIT

Gehen Sie rasch, es wird des Glücks zuviel.

Asyrte.

BELIT

Nein, oder, bitte, gehen Sie noch nicht.

ESKAR

Jetzt muß es sein. Ich muß Sie hier verlassen.
Die Tochter naht des Reichs. Sie hat den Anspruch
Zu fordern, daß ich ihr entgegenschreite.

BELIT

Fürst, Ihren Arm. Ein Zufall überkommt mich.

ESKAR

Verstehn Sie doch. Die Erbprinzessin, hierin
Der Mutter gleichend, neigt zur Heftigkeit.

BELIT

Ich bin so töricht. Eilen Sie. Ach, ach,
Der Zufall steigert sich. Ach, Ihren Arm.
Führn Sie mich, schrittweis, sonst zu Ihren Füßen
Sink ich zusammen. Wandeln wir ein wenig.

ASYRTE *zu Jona* Ich erkenne Sie wieder; Sie sind der Mann aus dem Walfisch, nicht wahr?

JONA Ja.

ASYRTE Jene, die bei Eskar, ist das nicht Prinzessin Belit aus Ararat?
JONA Ja.
ASYRTE Ungewöhnlich.
– Man grüßt mich nicht. Ich nahe ungelegen?
ESKAR
Die Wahrheit ist, ich sah Sie nicht erscheinen.
BELIT
Die ganze Wahrheit ist, er sah Sie wohl
Und flüsterte mir zu: Vorsicht vor der,
Asyrte ist die Tochter ihrer Mutter.
ASYRTE
Die, wenn Natur mein Sein bewirkte, bin ich.
ESKAR
Es war ein Scherz, Sie nehmen ihn nicht schwer.
ASYRTE
Nein, ich gestatte ihr, sich zu entfernen.
BELIT
Der mich her lud, der mag mich scheiden heißen.
ESKAR *zu Jona* Glauben Sie, ich komme heil aus der Sache?
JONA Nein.
ESKAR Versprachen Sie nicht, sich Ihrer Wahrsagekünste zu enthalten?
JONA Hierfür muß man kein Prophet sein.
ESKAR *zu Belit*
Diesmal, bei dem, was wir uns schworen und
Den Schwur besiegelt, geben Sie ihr nach.
BELIT *zu Asyrte*
Haben Sie Ochsen mitgebracht und Seile?
Mich schleppt man nur, man sendet mich nicht fort.
ESKAR *zu Asyrte*
Es hat mit Liebesdingen nichts zu tun.
ASYRTE
Welche Beteuerung, mit Liebe nichts?

ESKAR
Natürlich nichts mit Reichs- und Krongeschäften.
ASYRTE
Natürlich nicht. Womit hat es zu tun?
ESKAR
Dringen Sie nicht, es hat so Richtigkeit.
Und wir beschlossen, voll uns zu vertrauen.
ASYRTE
Vertrauen ist, so seh ichs, ein Vertrag,
Auf den man sich in keinem Fall beruft.
ESKAR
Weil er nie eingeklagt wird, keines Falls.
ASYRTE
Vertrauen stirbt, wenn man es fordern muß.
ESKAR
Gewiß, doch Sie gelobten, es zu schenken.
ASYRTE
Sollte sich wirklich Trübes hier verbergen?
– Seltsam, wenn einer auf Vertrauen pocht
Und gegen jeden Schein, schon ist der Schein
Stark gegen ihn und geht er bei den Dirnen.
ESKAR
Das Wort, das Sie belieben, wundert mich.
Prinzessin Belit ist von erstem Rang,
Keine Bediente, die man kurz entläßt.
ASYRTE
Vielmehr an die man eng den Körper drängt.
ESKAR
Ein Schwächeanfall heischte Unterstützung.
Des Hofes Regel ist die Höflichkeit.
ASYRTE
Nur ich bin von der Regel ausgenommen?
ESKAR
Oh welche Gabe, Leiden zuzufügen!

Asyrte

Leiden Sie sehr, mein Feldherr? Arm in Arm
Auf dieser Plattform, wo sich Assurs Sippe
Bescheidner Eingezogenheit erfreut,
Lustwandeln Sie mit der. Das ist recht höflich.
Indessen ich vergaß, sie fühlt sich schwach.
Sie sieht ja äußerst schwach aus. Eine Schwäche
Wahrscheinlich für assyrische Soldaten.

Belit

Die viele teilen, manche ohne Glück.

Eskar

Sie hören, wie besonnen sie erwidert.

Asyrte

Besonnen? Nannten Sie soeben sie
Nicht schnippisch noch, weit mehr in Zorn als nötig?
Und roh und unbelehrt, mehr laut als nötig?

Eskar

Gesetzt, ich tats, was dann spricht gegen mich?

Asyrte

Ihre Betonungen.

Eskar   Das meint, Ihr Ohr.

Asyrte

Abscheu drückten Sie aus, mehr oft als nötig.

Eskar

Wer Hingeworfnes aufhebt, greift in Schmutz.

Asyrte

Der Schimpf gilt mir?

Eskar   Gilt Ihnen, ja.

Asyrte   Nicht jener?

Eskar

Sie ist hier fremd und mir. Und wären Sie
Nicht in Ihr Recht verrannt, Sie spürten wohl,
Noch mein Verweis bezeugt in seiner Grobheit,
Daß Sie die sind, die meine Achtung hat.

ASYRTE
Verstehe, Sie sind grob aus Feingefühl.
BELIT
Deuten Sie an, Sie achteten mich nicht?
ESKAR
Ich bin ein Mann von Ehre und Vernunft.
Ich fordre, daß nicht Vorsatz in der Tücke,
Der, was er tadeln will, selbst unterschiebt,
Auf Weiberweise mir die Würde raubt.
Ich will, verlange, daß man mir erspart,
Mich zu verteidigen, wo gar nichts ist.
ASYRTE
Hier ist nichts?
BELIT In der Tat, es scheint, wir sind nichts.
ESKAR
Wo gar nichts vorfiel, gar kein Anlaß waltet.
ASYRTE
Sie hören, nichts fiel vor.
BELIT Wir sind kein Anlaß.
ESKAR
Nichts sich begab als Zank von halben Tieren.
Ab.

ASYRTE O weh!
BELIT
Wenn mein vertanes Leben eines Inhalts
So sehr ermangelte, der Auftritt füllt
Es bis zum Rand mit Sinn. Assur ist mächtig,
Allmächtig nicht. Wenn Ararat Verzug
In seinen Siegen droht, ists nicht von Assur,
Dann ists von Assur im Verbund mit Babel,
Von Assur unter Eskar und Asyrte.
Ich kam zur Welt als meines Bruders Schwester
Und weiß ab jetzt, wofür. Ich setze noch

Ein Wörtchen drauf, der Stachel soll noch tiefer.
– Wir beide, ach, wie schlimm sind wir getäuscht.

ASYRTE
Wie?

BELIT Er betrog uns.

ASYRTE Reden Sie zu mir?
Prinzessin, mein Bedauern. Ich ließ mich gehn.
Es war wohl zwischen mir was und dem Feldherrn
Und unverzeihlich, daß ich Sie hineinzog.

BELIT
Ein wenig, fürcht ich, war auch ich doch drin.

ASYRTE
Er sagte: glauben Sie, was Sie befremdet,
Hat seine Richtigkeit. Wenn Eskar sagt,
Es hat seine Richtigkeit, dann hat es sie,
Bei näherem Verständnis. Er vertraute
Auf mein Vertrauen, und ich schlugs ihm ab.
Wie klein, wie ungenügend hielt ich stand.

BELIT
Nein, Sie sind Frau. Sie mußten sich empören.

ASYRTE
Wenn Frauen müssen dürfen, dürfen Männer
Nicht müssen?

BELIT Ah, so spricht ein hohes Herz.
Freilich dies Stirnband?

ASYRTE Das ist seins, ist meins!

BELIT
Er hat es mir geschenkt.

ASYRTE Wie konnte er?

BELIT
Er mußte es mir schenken und er durfte.
Er ist ein Mann, er mußte.

ASYRTE Gut, Prinzessin,
Das wird mich weinen machen.

BELIT Weinen Sie.

ASYRTE

Ein andermal. Ab morgen will ich weinen,
Kann sein, ab übermorgen, bis dahin
Verschieb ichs. Heute könnte Kummer
Zügellos fließen und den Kopf mir schwächen
Oder den Mut. Die Liebe braucht den Mut.
Es ist der Liebe alte Arbeit, Liebe
Zur Widerliebe dauernd sich verbinden.
Doch wie?

Semiramis. Fußfall Belit.

ASYRTE

Die Königin. Vielleicht daß sie mich rettet.

SEMIRAMIS

Ihre Begleitung ist mir vorgestellt?

ASYRTE

Prinzessin Belit ists von Ararat.

SEMIRAMIS

Die Schwester unsres Freundes Menua?

BELIT

Der Ihre Freundschaft mehr als alles sucht.

SEMIRAMIS

Haben Sie Neuigkeiten aus den Bergen?

BELIT

Ich bin mit dort in keinerlei Verkehr.

SEMIRAMIS

Sie halten allzu streng sich fast zurück.

BELIT

Ein Gast soll wissen, was er Wirten schuldet.

SEMIRAMIS

Und die Bewirtung, sind Sie da zufrieden?

BELIT

Wen Assurs Großmut nährt, der lebt beglückt.

SEMIRAMIS

Sie dürfen gehen.

Belit ab. Semiramis zu Jona

Die lügt! Menua schickt Kisten Gold für ihren Unterhalt, und wir geben ihr eine Kammer dafür und ein Kleid im Jahr, meist ein getragenes. Offenkundig ist sie voller Gift gegen mich, muß sie mich nun zusätzlich noch mit Lügen reizen?

JONA Es ist schwierig, Sie nicht zu reizen.

SEMIRAMIS Leicht ist es wahrscheinlich nicht.

Zu Asyrte

Erklären Sie, was haben Sie mit der?

ASYRTE

Ihr arg bedrängtes Dasein dauert mich,
Ich trage an, sie gnädig heimzusenden.

SEMIRAMIS

Heim, eine Geisel, jetzt? Vernehmen Sie,
Was Ihnen mütterlich mitfreuend ich
Eröffnen darf. Zwei Wünsche, wissen wir,
Hegt unsre königliche Jungfrau: den
Nach einem Mann und den nach einem König.
Sie sind gewährt.

ASYRTE Nein, Sie erschrecken mich.

SEMIRAMIS

In frohen Schreck nun löst Ihr Traum sich auf.
Ich gebe Ihnen Eskar. Und alsbald
Zum Herrscher sei er neben mir erhoben.

ASYRTE

In Ihren Taten, Königin, verschmelzen
Weisheit und Güte göttergleich ihr Wesen.
Doch ersten Anspruch hat auf Assurs Stuhl
Prinz Gotthelf ja und höheren als ich.

SEMIRAMIS

Wer wird genannt? Gotthelf? Ihr Narr von Bruder?
Mein Tropf von Sohn? Der Leiter der Kanzlei
Jugend und Waffenspiele? Den belieben
Sie Assur zum Despoten vorzuschlagen?

Asyrte

Oder wir lassen alles, wie es steht.
Und steht es nicht, so wie es steht, zum Besten?
Sie sind noch da. Noch voller Kraft, noch stattlich.
Ich sehe nichts, das zur Entscheidung drängt.

Semiramis

Und drängt Ihr Herz denn nicht?

Asyrte

Oh Gott, mein Herz,
Es drängt und zögert, fordert und entzieht sich,
Und mit Besorgnis wechselt das Verlangen.
Ich will gehorchen, Königin, doch will
Nicht Herrscherin und nicht mit Eskar sein.

Semiramis

Mir ist das Bild noch gegenwärtig, wie
Der Fürst in unsre Burg trat als ihr Retter,
Schön wie der Sieg, und wie ein tiefer Seufzer,
Der Seele Streben ganz zusammenfassend,
Aus Ihrer Kinderkehle quoll. Ich spürs
Noch in der Brust.

Asyrte

Mutter, ich wars, die seufzte.

Semiramis

Und wie er herrlich stieg, dem Thron entgegen,
Und wie Sie ihm zu Füßen flogen und
Er freundlich Sie beim Ohr nahm und Ihr Leib
Erschauerte, durchbebt von einem Zittern.
Ja, das war Seligkeit.

Asyrte

Mutter, er nahm
Mein Ohr, nicht Ihrs. Ich wars, die zitterte.

Semiramis

Und jetzt dies Weigern. Lieben Sie ihn nicht?

Asyrte

Doch. Oder nein. Vergönnen Sie mir Zeit.

Semiramis

Ich habe doch nicht zwei Mal fehlgeboren.
Ich hätte, glaubte ich, ein blödes Kind

Und finde deren zwei. Dem Menua
Verlangen Sie die dreiste Schwester wieder,
Und Eskar, der allein den raschen Feind
Uns niederwirft, den kränken Sie mit Zaudern.

ASYRTE
Fürst Eskar zieht mir eine Dame vor.

SEMIRAMIS
Wen?

ASYRTE Jene, die ich zu entlassen bat.

SEMIRAMIS
Ja, diese Bergfrauen, sagt man, haben was.

ASYRTE
Wärs jede andere, ich säh sie kaum.
Doch daß ihn eine reizt von solchem Stamm,
Das ist, was zählt und mich ihm untreu macht.

SEMIRAMIS
Untreu? Sie ihm?

ASYRTE Verklag ich ihn denn nicht?
Ist das nicht untreu? Königin, mir blieb
Kein Ausweg offen als der Gang zu Ihnen,
Und Tröstung heisch ich, Lindrung durch ein Wort.

SEMIRAMIS
Er ist der Liebe auch nicht eben würdig.

ASYRTE
Das ist der schlechtste Trost; denn er ist unwahr;
Und der auch, Mutter König, den zu spenden
Ihnen am schlechtsten ansteht.

SEMIRAMIS Wankelmut,
Gebrochner Eid, das ist kein Fall vor Thronen.
Wer bin ich denn? Bin ich das Reich von Assur
Oder des Reiches erste Kupplerin?

ASYRTE
Vorwürfe, gegen mich?

SEMIRAMIS Was schwer die Mutter
Bedrückt, das kann die Königin nicht ändern.

Die Tochter will nicht, die Prinzessin muß.
ASYRTE
Sie werden mich dem Falschen nicht verweigern?
SEMIRAMIS
Dem Feldherrn nicht. Die Stunde der Gefahr
Ist die Gelegenheit der Helden.
Der Krieger ist im Krieg des Königs König,
Und es ist Krieg.
ASYRTE Ich hoffte Milde.
SEMIRAMIS Kind,
Wir leben mit der Wahrheit, nicht der Milde.
Prinz Gotthelf, diesen Punkt vorausgeschickt,
Ist nicht Ihr Bruder.
ASYRTE Gotthelf, nicht Schamschs Sohn!
SEMIRAMIS
Das mag sich, wie es will, verhalten, aber
Sicher nicht meiner. Ferner, König Schamsch,
Erfahren Sie auch das, starb nicht an nichts.
ASYRTE
An einem Unfall.
SEMIRAMIS Den ich ihm verschaffte.
Ich metzte Ihren Vater, meinen Gatten.
ASYRTE
Was soll ich sagen.
SEMIRAMIS Hören sollen Sie
Und lernen. Mein erlauchter Vater Babel blickte
Nicht unbesorgt auf Ihren Vater Schamsch
Und dessen Wahn, es sei Ararat zu bändigen
Durch Kriegsgewalt allein und Waffenhäufung,
Wodurch er Babel selbst in einen Kampf
Verwickeln konnte gegen Ararat
Und eine Welt aus ihrer Ruhe stören,
Und sprach zu mir: ein letztes Mittel bleibt,
Den starren Schamsch zu meistern, deine Jugend.
Nimm ihn, nimm ihm die Macht und bringe ihn

Schnellstmöglich um. Es muß, es ist für Babel.

ASYRTE

Doch Schamsch war Babels einzig treuer Freund.

SEMIRAMIS

Treu schon, doch stark. Einzig gewiß, doch eigen.
Erfordert war sein Tod vom Vorteil Babels.

ASYRTE

Nicht Ararats?

SEMIRAMIS Und damals Ararats.
Und so seit fünfzehn oder sechzehn Jahren
Blüht fester Frieden an den beiden Strömen.

ASYRTE

Jetzt aber blüht der Krieg.

SEMIRAMIS Jetzt, straff gelenkt
Von meines Vaters Neffen, meinem Vetter,
Ist Babel wunderbar erstarkt und Krieg
So leicht geführt wie mühelos vermieden.

ASYRTE

Dann ists Schamsch, der im Recht war.

SEMIRAMIS Damals nicht.
Kurzum, ich ging und kam nach Ninive,
Als Braut begrüßt, und war gesandt zu töten.
Und ward vermählt dem ungeliebten Mann
Und litt den, bis aus seinem Samen endlich
Ein Kind hervorsprang, Sie. Leider ein Mädchen.
Und ich fuhr fort zu warten, bis, nach Jahren,
Ich endlich neu gesegnet war und endlich
Mit einem Sohn; denn so verriet es mir
Mein Wille und untrügendes Gefühl,
Und alle Zeichendeuter, Vogelschauer,
Die Kundigen der Träume und des Himmels
Und alle Lebern aller Tiere sprachen
Und alle Wissenschaft: Es wird ein Sohn.
Da faßt ich Mut und zupfte meinen Herrn
Und bat und sagte: ein Gelüste plagt mich,

Wie man es einer Schwangern wohl verzeiht:
Ich trüg zu gern einmal den Königsbart,
Und er, um meines heiklen Zustands willen,
Leiht mir den Bart und steht und lacht
Und sieht mir zu, wie ich den König spiele
Mit seinem Bart und meinem dicken Bauch.
Da winkt ich seinem Leibtrupp, ließ Schamsch greifen
Und in den Kerker legen und da sterben.

ASYRTE
Unvorstellbar!

SEMIRAMIS Ja, das war hoch gewettet.
Wär meine Leibesfrucht kein Sohn geworden,
Blieb ich nicht lange König, wurde Assur
Ein Spielball seiner Großen oder Feinde,
Und Babel, Schonung brauchend, stand verwickelt
In Ararat und Assur – und ich genas ...

ASYRTE
Und Sie genasen?

SEMIRAMIS Wieder einer Tochter.

ASYRTE
Wer, wo ist die?

SEMIRAMIS Wohl tot.

ASYRTE Und wer ist Gotthelf?

SEMIRAMIS
Ei nun, im Frauenhaus sind immer Kinder.
Ich nahm das erste, nicht, wie sich ergab,
Das beste. Gotthelf war von Anfang
Unruhig und schrie viel, so als mißbehagte
Dem Säugling schon die falsche Prinzenrolle.
Ich hab ihn fast nur hochgebracht mit Bier,
Und er ist trotzdem nie ganz gescheit geworden.
Wozu er taugte, war: ich herrschte statt seiner.
Jetzt naht er seiner Mündigkeit und will
Statt meiner herrschen, dafür taugt er nicht.
Drum müssen Sie den Zepter ihm entwenden,

Ich Teilung dulden um des Ganzen willen
Und Eskar Assur sein an Gotthelfs Stelle.
Das aber war, was ich für Babel tat.
Es ist eine Mär von Herzen und von Thronen,
Dran Ihre kleinen Tränen der Gekränktheit
Zerschellen werden.
– Herr Jona, was sagen Sie?

JONA Ich wußte es schon.

SEMIRAMIS Sonst nichts?

JONA Sonst nichts.

SEMIRAMIS Sie folgen mir nicht sehr aufmerksam, das ist mein Eindruck.

JONA Ich habe keine Muße, Ihre Worte zu beachten, ich lasse mir eben Ihre Handlungen durch den Kopf gehn.

SEMIRAMIS Immerhin war dies die Darstellung meiner größten Untat.

JONA Gehen Sie, was heißt das, größte Untat?

SEMIRAMIS Finden Sie sie so alltäglich?

JONA Wer kann sagen, er habe seine größte Untat hinter sich? Sie leben ja noch.

SEMIRAMIS
– Der König lebt mit ungefragtem Busen.
Ihr Brautbett auch ist, wie das meine einst,
Von dem Geschäft und nicht der Lust bereitet.
Und wenn Sie jetzt im Feierkleid sich zeigen,
Dann ists zu aller Freude, nicht zu Ihrer.
Aber nicht träge blick ich auf Ihr Weh.
Ich darf nicht retten, doch vermag zu lindern.
Dem Antrag wegen Belit geb ich statt,
Sie sei entfernt.

ASYRTE Dank.

SEMIRAMIS Sperren Sie sie ein.

ASYRTE
Ich? Ketten setzen soll ich gegen Neigung?

SEMIRAMIS
Man hat erlebt, daß zu geschäftige Füße
Durch Ketten weiser wurden. Wer spricht von Ketten?
Verbieten Sie dem Fräulein auszugehn.
Sie paßt nicht her, ihr ziemt das Hausgefängnis.
ASYRTE
Dank.
SEMIRAMIS
Also gut. Sie haben die Erlaubnis.
ASYRTE
Doch wär es unklug. Wenns der Fürst erfährt,
Das kostet mich den Rest von seiner Liebe.
SEMIRAMIS
Prinzessin, Sie entsprechen meinem Wunsch.
ASYRTE
Dem Wunsch der Mutter oder Königin?
SEMIRAMIS
Dieser und der. Die Mutter kann erlauben,
Die Königin befiehlt. Schließlich, der Fall
Hat seine Seite, die den Staat betrifft.
ASYRTE
Nein, das denn doch nicht. Mit Entsetzen füllt mich,
Daß sein Begehren sich verirren kann
Zu einer von der Art. Doch nie vom Pfad
Tritt seine Pflicht. Die Schwester muß des Feinds
Ja nicht die Feindin sein, und kann es nicht,
Denn anders könnte Eskar sie nicht lieben.
SEMIRAMIS
Gleichviel, der Feldherr gibt ein schlechtes Vorbild.
Auch mag im Trunk er sprechen oder Schlaf,
Und so gehört sie nicht in seine Nächte.
Ich selber freilich darf nichts tun, den Mann,
Den eben einflußreichen, zu verstimmen.
Drum send ich Sie, durch Eifersucht befugt,
Unsäumend in ihr Zimmer sie zu schließen.

Asyrte

Wohl. Ich erbitte den Verhaftsbefehl.

Semiramis

Wir sind gewiß ein Schreiberstaat. Doch diesmal
Nichts Schriftliches. Und: was vertraulich wir
Zu zweit berieten, taugt für Dritte kaum.
Es taugt, bin ich begriffen? kaum für Eskar.

Asyrte

Ich gehs vollziehn. Die Tage sind, wo Glück
Noch leicht sich denken ließ, für ganz vorüber.

DRITTER AKT

Vier Throne. Jona. Semiramis, Eskar.

SEMIRAMIS
Der Thron, Fürst, rechts des meinigen, ist Ihrer,
Der linke sei Asyrten. Doch bevor
An diesem wie an andren seltnen Tagen
Das Volk nun zudringt und am Ufer unten
Aufstellung nimmt des väterlichen Stroms
Und wir im Kegel einer hohen Sonne
Ihm zu Gefallen unsre Arbeit tun, –
Vor Ihrem Eintritt in den neuen Rang
Will ich den Schlachtplan kennen. Ist das der?
ESKAR
Ich fand die Lösung, und sie dünkt mich schön.
SEMIRAMIS
So, was enthält die Tafel?
ESKAR Eine Falle.
Ein flaches Grasgelände nämlich bildet
Des Landes Eingang dort, wo Menua
Aus seinen Pässen niederbrausend bricht,
Und lädt ihn ein und legt sich ihm zu Füßen.
Zwiefach indes begrenzen diese Ebene
Zwei Nebenflüsse nebst zwei Sümpfen, denen
Jene zur Ader dienen. Unser Heer,
In kleiner Zahl erschienen, wendet, wie
In Angst, nun Ararat sich übern Fluß wirft,
Sich um und flüchtet. Ararat folgt freudig.
Doch dann mit einmal drehen wir und stehn.
Und aus dem Röhricht vor zur gleichen Zeit
Quillt unser im Morast versteckter Teil

– Es sind Leute, die auch sonst im Feuchten leben
Auf schwimmenden Inseln und von kalten Fischen –
Und formt dem Feind im Rücken einen Riegel,
So daß der zwischen Assur klemmt und Assur.
Und da kein Fluchtweg seitlich ihn erleichtert,
Wird, was ihm Pforte schien, Gefängnishof,
Schindanger dann und dann Begräbnisstätte.

SEMIRAMIS
Hochwirksam klingt dies, klug und vollumfassend.

ESKAR
Die Weisung dessen, der von oben denkt,
Birgt den Erfolg in sich. Verteidigung
Räumt besser als der beste Angriff auf,
Der ganze Plan, im Grunde ist er Ihrer.

SEMIRAMIS
Natürlich ist er meiner. Immerhin
Flink ausgeführt und mit gesundem Kopf.
Auch Ihr Gespräch mit der Prinzessin Belit,
Wovon ich was vernahm, mißfiel mir nicht.
Und voll des Thrones wert eracht ich Sie,
Der meinem nah wie dem des Mädchens steht,
Das, den sie freit, zur Herrschaft hingeleitet.

ESKAR
Asyrte gilt mein Streben, nicht der Herrschaft.

SEMIRAMIS
Fürst, kein Gesäusel, solln wir Freunde bleiben.
Der Schmuck lockt an der Frau und die Gewänder
Nicht minder als des Busens Schwellung oder
Des Auges Schmelz. Das holdste Antlitz schimmert
Unter ner Krone vor. Ein Thron ist ein
Wollüstigeres Möbel als ein Bett.

ESKAR
Ich fühle anders.

SEMIRAMIS Bauen Sie nicht drauf,
Die Lust der Macht hat was Geschlechtliches.

ESKAR
In meinem Sinn wiegt nur Asyrtes Liebe.
SEMIRAMIS
Man hört, Sie spürten eher ihren Zorn?
ESKAR
Wenn sie gelegentlich mit Launen peinigt,
Vergibt man sonder Mühe, wenn man liebt.
SEMIRAMIS
Würden Sie dann das Folgende vergeben:
Sie ist mich angegangen, just und hier,
Und hat sich gegen Ihre Thronbesteigung
Stark ausgedrückt. Behandeln Sie das aber
Vertraulich.
ESKAR Ach, die Närrin, es ist zu blöd.
SEMIRAMIS
Mäßigung, Herr.
ESKAR Sie gibt mir Grund zu schelten.
SEMIRAMIS
Sie ist noch jung, kann sein, noch allzu jung.
ESKAR
Ich fordre jetzt ...
SEMIRAMIS Man fordert nicht von mir.
ESKAR
Die Sache fordert jetzt. Der Unverstand
Asyrtes fordert – denn wenn zwar sie schwächer,
Als ich erhoffte, ist, bleibt, sie ist schwach
Und ihre Schwäche schonenswert – dies muß ins Reine –
Ich fordre, daß sie an dem Trug um Belit
Mitkundig sei und in ihn einbezogen;
Denn der nur ist, was ihr den Sinn verrückt.
SEMIRAMIS
Zärtlich gefordert, leider ausgeschlossen.
ESKAR
Nein, die Gewißheit jetzt des Schlachtenglücks

Macht den Gebrauch des falschen Scheins entbehrlich.
Ich kennte nur, so warfen Sie mir vor,
Die grade Straße und den Schleichpfad nicht,
Dem mag so sein. Ein jeder schlägt sich durch
Auf seine Art, und ist nicht wohlberaten,
Wer nach der Neigung seiner Stärken handelt?
Doch nun es keines Umwegs mehr bedarf
Und stracks der grade Weg ins Ziel sich bohrt,
Ist doch der grade der gewitztere.

SEMIRAMIS
Fürst, sind Sie sicher?

ESKAR
Felsensicher. Alle
Gespinste, mit dem Feind und gegen den,
Sind durchgehauen, Offenheit darf herrschen.

SEMIRAMIS
Das folgern Sie aus Ihrem nahen Sieg?

ESKAR
Aus unserm, Assurs, Ihrem.

SEMIRAMIS
Falls wir siegen.

ESKAR
In meinem Plan ist nichts, das scheitern kann.

SEMIRAMIS
Und wenn sich fügt, daß man den Plan versäumt?

ESKAR
Des Plans Vollzug verbürg ich. Der Soldat,
Der eine andre Tafel, dieser gleich,
Nach Norden reitet, ist ein sichrer Mann,
Und meine Obersten sind sichre Männer.

SEMIRAMIS
Der Riß der Schlacht ist hiernach abgefertigt?

ESKAR
Er ists.

SEMIRAMIS Ist er zurückzurufen?

ESKAR
Schwerlich.

SEMIRAMIS
Hätten Sie nicht so reiche Gunst, mein Herr,
In meinem schwachen Busen einzubüßen,
Mit diesem Unfug war sie eingebüßt.
Zu heiß gespornt. Zu feuervoll assyrisch.
Der Krieg ist Ihr Bereich, der Staat ist meiner.
Ich stehe längst mit Ararat im Frieden.
ESKAR
Das ist ganz neu und unerwartet.
SEMIRAMIS Gelt?
ESKAR
Dann sprachen wir zu viel. Ich breche ab
Und trachte selbst, den Melder einzuholen
Mit gänzlich neuer Weisung.
SEMIRAMIS Welcher Weisung?
ESKAR
Daß diese Schlacht nicht statthat. Sie verzeihn.
SEMIRAMIS
Wer, Fürst, beendet die Gespräche hier?
Vielleicht ist wünschenswert, sie findet statt?
ESKAR
Zuhöchst. Doch ich verstand …
SEMIRAMIS Verstand, verstand!
Sie wollen alle immerfort verstehen!
Sie lassen Ihren Mann auf seinem Pferd.
Sie werden Ihre Schlacht, so will ich, schlagen
Und sie verlieren.
ESKAR Was das immer meine,
Die hier entworfne Schlacht ist unverlierbar.
SEMIRAMIS
Doch nicht für den geschicktesten der Feldherrn.
ESKAR
Der Feldherr ist nicht zum Verrat geschickt.
SEMIRAMIS
Und was denn wäre am Verrat so Arges,

Solange ich es bin, der ihn begeht?
Sie legen Wert auf Kränze. Sie verstehen
Zu siegen, aber ich will mehr als siegen.
Besagter Friede ist mit Ararat
Noch unveröffentlicht und muß es bleiben.
Mein alter schlauer Freund im Süden neigt
Zum Mißgebrauch der Freundschaft. Gleichgewicht
Der Macht hat mehr Bestand als Übermacht.
Ein starkes Ararat, es stärkt auch uns,
Solang der Feind droht, muß der Freund uns lieben.
Ich brauche Zeit mit Babel. Bis dahin
Wär der Verdacht, ein Frieden herrsche, schädlich,
Und nichts tilgt besser den Verdacht auf Frieden
Als eine ungemein verlorne Schlacht.
Sie folgen mir nicht ganz? Das tut auch nichts,
Dafür befehl ich ja. Jetzt der Befehl.
Der Plan, der tüchtige da in Ihrer Hand,
Ist einer Dame, der Sie schon verknüpft sind,
Zu übergeben, der Prinzessin Belit.

ESKAR

Hat Belit ihn, dann hat ihn Menua.

SEMIRAMIS

Richtig, sie ist der schnellste Weg zu ihm.

ESKAR

Hat Menua den Plan, hat er die Schlacht.

SEMIRAMIS

Wie handelt er, ist das vorauszusehn?

ESKAR

Er ist auch Feldherr. Er umstellt die Falle
Mit einer Falle. Und die schärfste Falle
Ist, die man einem legt und die der kennt.

SEMIRAMIS

Das ist die Absicht. So vollzieh es sich.

ESKAR

Dann bleibt mein Heer auf jenem Platz verloren.

Semiramis
Das nimmt man in den Kauf.
Eskar
Die Tapfern, die für Assur sterben wollen.
Semiramis
Ja, eben das verlangt man, daß sie tun.
Eskar
Doch ihr Bemühen ist auf Sieg gerichtet.
Semiramis
Und wenn die Niederlage besser nützt?
Es gilt die Krone, nicht die Eitelkeit.
Eskar
Es ist ehrenhaft, dem, den man in Gefahr schickt,
Ein Gran Entrinnenshoffnung doch zu lassen.
Semiramis
Ehrenhaft schon, doch ungelegen jetzt.
Eskar
Königin! Assurs beste Männer tot.
Semiramis
Statt ihrer bleiben Ararats am Leben.
Eskar
Statt ihrer!
Semiramis Es sind ja Menschen, die und die.
Eskar
Was ist das, Größe im Regieren oder
Treubruch und Abfall über alles Maß!
Semiramis
Ja so, ich habe Belit bitten lassen
In Ihrem Namen, also wird sie eilen.
Sie händigen ihr die Beschreibung aus.
Eskar
In meinem Namen?
Semiramis Meinen lassen Sie
Beiseite. Schlachten, kriegerische Züge
Sind, wie ich schon bemerkte, Ihr Bereich.

ESKAR
Ich soll das Bubenstück begehn als cignes?

SEMIRAMIS
Der Menua wird die Gefälligkeit
Zu schätzen wissen. Sehn Sie, lieber Feldherr,
Die hohe Kunst ist nicht die Kunst zu siegen,
Es ist die Kunst zu siegen, wo man soll.
Ab.

JONA Fürst, Sie stehn in Schweiß.

ESKAR Ja, wir haben hier diesen glühenden Ostwind.

JONA Ihre Schwäche rührt nicht von der Hitze.

ESKAR Das trifft zu.

JONA Dem ungeachtet, ich biete Ihnen einen Platz unter meinem Kürbis an, er schützt vor der prallsten Sonne.

ESKAR Sie nehmen die Dinge von der guten Seite.

JONA Von der besten, die sie haben. Der Mensch sucht noch in der unbehaglichsten Lage den behaglichsten Zustand. Ich habe die Möglichkeiten dieser Kübelpflanze sofort erfaßt.

ESKAR In der Tat. Wenn mein Elend nicht durch Wärme verursacht ist, wird es doch durch Abkühlung gelindert.

JONA Ja, das Dasein läßt sich nur unter ganz niedrigen oder ganz hohen Gesichtspunkten ertragen. Wir können auf eine andere Welt hoffen oder auf etwas frische Luft, was dazwischen ist, läßt sich kaum verteidigen.

ESKAR Sie begreifen meine Verzweiflung?

JONA Sicher. Sie stehen vor der Frage, ob Sie zum Vorteil Ihres Herrschers Ihrem Land schaden dürfen.

ESKAR Aber so darf sich die Frage nicht stellen!

JONA Weshalb nicht?

ESKAR König und Staat sollten eins sein.

JONA Darf nicht! sollten! Wollen Sie nicht endlich beginnen, sich der Sprache der Tatsachen zuzuwenden?

ESKAR Hofrat, sie verfolgt dauernd Pläne.

JONA Wie jeder.

ESKAR Aber um einen Plan zu verfolgen, muß man sich verstellen können.

JONA Ist es nicht eben das, was Sie ihr verübeln?

ESKAR Hofrat, ich habe den entsetzlichen Verdacht, daß ihr alle Verstellung fremd ist! Gewiß, sie ist unerforschlich, undurchschaubar, rätselhaft, alles höchst herrscherlich, in höchstem Grad über den Dingen, nur: Worin besteht der Nutzen ihrer Verbrechen? – Sagen Sie das jetzt alles Gott?

JONA Ich stehe nicht mit ihm in Verbindung.

ESKAR Können Sie ihn nicht rufen?

JONA Nicht oft.

ESKAR Wenn Sie Gelegenheit hätten, mit ihm in Verbindung zu treten, was würden Sie ihm über unsere Welthauptstadt berichten?

JONA Die Grabtürme, würde ich sagen, aus in Hast getrockneten Ziegeln errichtet, bröckeln, die Straßen liegen voll Müll bei unregelmäßiger Beleuchtung, die Kinder trinken und schlagen ihre Lehrer. Ninive, würde ich sagen, züchtigt den, der ihr dient, und macht den traurig, der sie liebt. Sie lobt sich; fragt man, mit welchem Recht, lobt sie sich stärker; sie lobt sich mit Pauken und Tschinellen, sie metzt ihre Lügen in Marmor. Das Bier ist trüb, das Brot ohne Lust gebacken. So ungefähr.

ESKAR Kürzer gefaßt, Sie meinen, die Stadt der Semiramis ist verkommen und ganz unrettbar?

JONA Kürzer gefaßt, ich meine, die Stadt der Semiramis erinnert mich stark an die Stadt meines Königs Jerobeam.

ESKAR Wie in Jerusalem auch?

JONA Genau. Reiner Durchschnitt, das Übliche eben.

ESKAR Ihr Gott gab Ihnen sehr viel Geduld, die Welt zu ertragen.

JONA Ohne Gott ertrüge sie sich natürlich leichter.

Asyrte.

JONA Aber genug, hier kommt Ihre Dame.

ESKAR Ich hasse ihren Anblick.

JONA Nicht Belit. Es ist Asyrte.

ESKAR Ihr Anblick ist mir noch verhaßter; denn auch sie ist das Opfer meiner Täuschung, und nicht meine Feindin.
– Höchst ungelegen führt der Weg Sie her.
Vornweg, um allem Ärger vorzugreifen,
Ich rief nach Belit. Die erwarte ich.

ASYRTE
Wir werden jetzt zu ernstem Zweck verbunden.
Es ist nur redlich, Herr, wenn Sie der Braut,
Eh sie sich bindet, einige Kenntnis geben,
Wer alles in den Bund mit eingehn soll;
Ich bin verpflichtet. Doch ich komme nicht
Von ungefähr. Ich weiß von diesem Treffen.

ESKAR
So kommen Sie, den Auftritt zu erneuen?

ASYRTE
Gefehlt, ich trete hier statt jener auf.

ESKAR
Mir wäre angenehmer, wenn Sie gingen.

ASYRTE
Auch wenn ich ginge, käme sie doch nicht.

ESKAR
Ich glaube nicht, daß sie nicht kommen will.

ASYRTE
Ich glaube selbst, sie kann nicht kommen. Mir
Schien angemessen, die Gebirglerin
In ihren Räumlichkeiten festzuhalten.

ESKAR
Sie greifen unerträglich in mein Handeln.
ASYRTE
Sie haben einen Anspruch ganz gewiß
Auf Redlichkeit nun auch von meiner Seite.
Belits Betragen gegen meine Würde
War etwas schlechter, als es hätte sollen,
Und Ihres, Fürst, in Freimut: Ihres auch.
ESKAR
Erklärung fordern Sie. Sie! Sie von mir!
ASYRTE
Nein, ich erkläre mich ja.
ESKAR
Oh, Sie sind sehr erklärlich.
Die Wut, den Freund zu knechten, seine Pläne
Zu stören, ihm die Eigenheit zu rauben,
Ist Ihretgleichen zu tief eingeboren,
Als daß es mich bei Ihnen wundern könnte.
Sie sind sehr niedrig, also voll erklärt.
ASYRTE
Tadel verdien ich, aber jeden nicht.
ESKAR
Viel kann ich durchgehn lassen, alles nicht.
Da ich nun doch – zwar gegen Ihr Betreiben,
Wie ich gerüchtweis nebenher erfahre –
Hier herrschen soll, ein herrscherliches Wort:
Belit ist kcine Buhlschaft neben Ihnen,
Wie sie zum Gegenstand des Zanks sich eignet
Und häuslich zu Gesprächen Anlaß gibt,
Belit ist unser nachbarliches Land,
Und was Sie hemmen, ist der Gang des Ganzen.
Dem Neid der Triebe nach Behagen folgend,
Als wären in der Gosse Sie erzogen,
Vergehn Sie sich am Staat aus Eifersucht.
ASYRTE
Wenn Belit eins mit ihrem Lande ist,

Dann sind Sie eins mit Assurs Feind, und wenn Sie,
Zwar gegen mein Betreiben, Herrscher werden,
Dann ich auch Herrscherin und wird der erste
Gebrauch von dem sein, zu verhindern, daß
Sie Ihre Sinne mengen in Ihr Amt
Und Ihren Dienst versäumen aus Begierde.

ESKAR

Dies leidet keine Weiterführung.

ASYRTE

Kaum.

ESKAR

Ich eile, die Prinzessin aufzuschließen.

ASYRTE

Sie ist verwahrt mit allerhöchstem Fug.

ESKAR

Sie lernten erst nur meine Sanftmut kennen.

ASYRTE

Sie niemals meine Unverrückbarkeit.

ESKAR

Asyrte, manches mag in einer andern
Und bessern Zukunft sich erledigen
Anders als jetzt und besser – doch jetzt ist jetzt;
Man öffnet schon das Tor der Uferstraße,
Andringen schon die Großen der Gesellschaft
Und was bei ernsten Handlungen der Krone
Sich müßig, aber notwendig versammelt –
Was immer strittig sei, erfordert ist,
Daß Belit mir, und augenblicks, begegne.

ASYRTE

Dies eine ist, das immer Sie beschäftigt.
Sie bleibt gebannt. Mein Wille ist ein Nein.

ESKAR

Sie wissen, ahnen nicht … Zu spät. Der König.

Semiramis, sie trägt den Bart.

Semiramis
Der König tritt ins Fenster des Erscheinens.
Meine geliebte Majestät, sie lebe,
Sei heil und wohlgemut. Prinzessin,
Sie dürfen und der Feldherr auch darf sitzen.
Und was den vierten, leeren Stuhl betrifft,
So sei auch der besetzt. Die Welt nehm Platz,
Die hier zu schauen weilt und huldigen:
Herr Hofrat Jona aus Jerusalem
Für alle Menschen auf dem Rund der Erde.

Jona
Die Gunst, mein König, ist zu unverdient.

Semiramis
Sicher, das ist sie. Sitzen Sie?

Jona
Ich sitze.

Semiramis
Ihr Prinzen, Magier, Krieger, alle, die
Das hier was angeht, Assurs hohe Pfosten,
Vernehmt, was sorgend von Schamschs Thron herab
In überschwerer Zeit der König kündet.
Die Tage treffen ein wie Drohungen.
Krieg stieg erneut aus seiner schwarzen Wolke.
Man redet wieder überall von Waffen.
Es gibt nichts abzuwenden, nur zu siegen.
Das aber leiht Gewißheit uns des Siegs:
Unschlagbar, der auf Babels Seite ficht,
Des wohlberatnen Lands am Mund der Ströme,
Wo einst der Mensch dem Tierreich sich entriß
Und in uralten Quadern der Gesittung
Seit langem wohnt und ewig wohnen wird.
Doch einzig dem, der steht, steht Beistand bei.
Drum teilen will ich die Befehlsgewalt,
Durch Teilung sie zu doppeln. Fest verleim ich
Des Zepters Elfenbein dem Erz des Schwerts.
Wahrlich, der König gibt sich einen König.

Die Würde geht den Bund ein mit dem Mut,
Frieden zu stiften, beide, die und der.
Heil, Herrscher Eskar, unbesiegter Eskar.

ESKAR
Im Namen Schamschs, des unvergeßlichen
Und unvergessnen, und im Namen Babels …

SEMIRAMIS
Sehr schön, das alles ist bereits erwähnt.

ESKAR
Mein Tun und Sein gelob ich Assur an.

ASYRTE
Ziehn Sie ins Feld, mein Herr, und handeln Sie
Für uns und alle, die hier zittern müssen.

ESKAR
Kein andrer Auftrag wäre mir willkommner.

SEMIRAMIS
Die Macht, die durch Verdienst errungen wird,
Fiel Ihnen zu und sei durch Glück befestigt,
Endgültig aber erst und unumstößlich
Wird Macht, gepfropft auf königliches Blut.
Das eine ist, das andre auch kann werden.
Zu Ihrem tapfern Aufbruch gegen einen
In Grausamkeiten wohlgeübten Feind
Mag denn mit eigner Hand die Erbprinzessin
Als erste in der Folge Ihrer Kronen
Des Krieges eigne Krone, die, die Assur
Bei seinen Schlachtentaten trägt, dem Retter
Aufs Haupt tun.

ESKAR Mir? Die Kriegskrone, mir, jetzt?

SEMIRAMIS
Knien Sie nieder vor der Erbprinzessin.

ESKAR
Ich soll dies reine Siegeszeichen führen?
In diese Schlacht?

SEMIRAMIS Ja.

ESKAR Gegen Ararat?

SEMIRAMIS

In diese Schlacht und gegen Ararat.

ESKAR

Mein König! Fräulein! dieses höchsten Ausdrucks
Des Kampfgelingens und gewissen Ruhms
Wag ich so früh mich würdig nicht zu achten.

SEMIRAMIS

Der König, General, hält Sie für würdig.

ESKAR

Nein, diese Krone nicht. Nicht vor dem Sieg.

ASYRTE

Sie haben nicht sehr fest zu siegen vor.

ESKAR

Sie mißbegreifen.

ASYRTE Ich begreife gut.
Es ist nicht der erste Reif aus meiner Hand,
Den Sie verschmähen, Ararat zur Liebe.
– Mein König, hören Sie auf diesen Mann.
Er sagt, er ist nicht würdig. Könnte wohl
Ein Würdiger das sagen? Wenn der Haß
Ihm gegen den Verderber den Triumph
Nicht glühend vorwegnimmt, dünkt mich rätlicher,
Zu warten, bis sich zeigt, wie gern er siegt.

SEMIRAMIS

Ich hör unabgesprochne Worte sprechen,
Worte, die ich nicht höre. Herrscher Eskar,
Sie knien hin, es ist des Königs Wille.

ESKAR

Ich beuge meine Knie, der König wills.

SEMIRAMIS

Sie krönen ihn, es ist des Königs Wille.

ASYRTE

Wie kann die blinde Mutter ich bewahren
Vor diesem Schritt der falschen Heiligung?

– Verzeihn Sie, König, ich bin außerstande.

SEMIRAMIS

Wo hin, Prinzessin?

ASYRTE Mutter, mir ist übel.

SEMIRAMIS

Der König hat für diese Selbsterlaubnis
Wenig Verständnis. In der Gegenwart
Des Staats, Prinzessin, gilt kein Unwohlsein.

ASYRTE

Ich sprach nicht, ich sei unwohl. Mir ist übel.

SEMIRAMIS

Sie bleiben und vollziehn die Sache oder
Treten nie wieder vor des Königs Auge.

ASYRTE

Ich weigre mich um Ihrethalb, mein König.
Die Treue nötigt mich zum Ungehorsam.

SEMIRAMIS

Dann gehen Sie, mit Ungunst schwerbeladen
Und gnadenlos verbannt aus meiner Burg
Samt deren Höfen, Gassen und Palästen.

ESKAR

Asyrte!

SEMIRAMIS Knien Sie.

ASYRTE Ich kann nicht anders.

Asyrte ab.

JONA Rufen Sie sie zurück; Sie verkennen die wahre Meinung der Prinzessin.

SEMIRAMIS Noch einer unwohl?

JONA Ehrlich zu sein, ja. – Mir ist unbegreiflich, warum derartige Dinge noch in menschlicher Sprache abgehandelt werden. Weshalb bellt sie nicht oder zischt? Weshalb beißt sie ihnen nicht einfach den Kopf ab? – Ich schweige schon, belasten Sie sich nicht mit Sorge um mich.

SEMIRAMIS Sehr freundlich, mein werter Hofrat.
– Kein Zwischenfall hat je hier stattgefunden.
Wir schreiten, wie des Tages Ordnung vorsah,
Zu jenem Bund des Ranges mit dem Blut,
Des Feldherrn Krönung mit des Krieges Krone,
Held Eskars Einschluß in das Haus des Schamsch.
Krönt ihn.
Ararat sinke, ewig blühe Babel,
Verderben Assurs Feinden und der Menschheit.
Dies war das hohe Ziel des hohen Tags.
Es ziehe jeder sich, gleich uns, zurück.
Die Könige beenden ihr Erscheinen.
Mit Eskar ab.

JONA Der Befund ist hiernach klar: weg mit Ninive, da ist nichts an ihr, das Gott beabsichtigt haben könnte. Ich will in den Schatten treten und ihre Bestrafung veranlassen. *Tritt unter den Kürbis, der Kürbis vergeht.* Gott, hören Sie mich, Jona spricht, es betrifft Ninive. Sie hatten natürlich Recht, wie immer; die besagte Stadt … He, was ist mit dem Kürbis? Er leidet an einem Wurm. Gott, wieso schicken Sie ausgerechnet jetzt einen Wurm? Konnten Sie den Kürbis nicht die winzige Weile am Leben halten, bis ich diese unerfreuliche und mißlungene Ortschaft in Asche gelegt habe? So ein schöner, satter Baum, so eine schöne Arbeit, was für eine Verschwendung. – Oh, schon gut, schon gut, Herr, ich verstehe schon. Diesen einzigen Kürbis zu schaffen, mit seinem dicken Stengel und seinen großen runzligen Blättern, wenn es keine übermäßige Mühe war, aber es war Mühe, und ich ermahne Sie, das Erzeugnis nicht achtlos verrotten zu lassen, und vergesse darüber die Mühe, die Sie mit Ninive hatten. Es müssen ja hunderte von Jahren in ihr stecken. Derlei, wie oft man es immer verwünscht, hängt einem am Herzen. Ich habe leicht verwerfen;

ich vergaß, Sie sind der Anfertiger. – Nun, ich bin nicht der Kopf, eine Belehrung in den Wind zu schlagen. Ich soll nicht über einem braungewordenen Topfgewächs winseln und zugleich den Untergang einer Stadt verlangen, das ist die Lehre. In allem, was ist, steckt Anstrengung, jedes Wirkliche hat seinen Wert. Übrigens weiß man nie, wofür eine Sache noch gut sein kann, weder von einem Kürbis, noch von einer Welt. – Ninive, so deute ich das Zeichen, hatte seine kleinste, letzte, versteckteste Gelegenheit noch nicht. Verzeihen Sie meine vorgreifliche und unfromme Ablehnung, Gott; es lag an meinen Gefühlen und der Sonne. Herr, ich danke Ihnen, daß Sie diesen Wurm in diesen Kürbis schickten; sollten Sie ihn zufällig nicht geschickt haben, danke ich dem Wurm.

Eskar.

ESKAR Jetzt bin ich Vorsteher eines Kriegs mit der Maßgabe, ihn zu verlieren, und mit Auszeichnungen überhäuft, die unerträglicher als jeder Hohn sind. Sie äußern sich nicht?

JONA Ich grüble eben über etwas.

ESKAR Meine Geliebte hat mir, vor Hof und Stadt, ins Gesicht geschlagen, und sie hat den furchtbaren Grimm des Königs auf sich gezogen, letzteres schuldlos. Was ist es, worüber Sie grübeln?

JONA Über meinem Kürbis.

ESKAR Er miekert ein wenig, nicht wahr? Ich muß in diesem Augenblick ein Weib, vor dem mich schaudert, vor mich laden und sie mit Schmeicheleien bewegen, in meine Unterwerfung einzuwilligen und das ragende Assur zu einem Zwergstaat zu erniedrigen. Grübeln Sie immer noch über dem Kürbis?

JONA Ja.

Eskar

Und alles das, ich werd es pünktlich tun.
Und was ich nicht tun werde, ist, Asyrte
Allein in ihrem Zorn und Unglück lassen,
Die Folgen sind von ihrem Stolz auf Assur.
Ich bin in dem gehorsam, hierin nicht.
Hätt ich mich sehn mit ihren Augen müssen,
Ich hätte mit geringrer Wut als sie
Nicht gegen mich gerast. Mein tiefstes Fühlen
Sei durch Verstellung länger nicht entwürdigt.
Kein Lügendunst soll mehr mein Herz verschatten,
Weder vor Belit, weder vor Asyrte.
Beiden die Wahrheit! das ist mein Entschluß.
– Sie grübeln weiter über Ihrem Kürbis?

Jona

Ja, wie ich Unrecht hatte und er Recht.

Eskar

Hier ist die Grenze. Meine Überzeugung,
Die Ehre meines Ich, ich opfre sie
Dem allgemeinen Willen. Alles
Gehört dem Vaterland. Nicht meine Liebe.

VIERTER AKT

Jona. Asyrte, von vorn.

ASYRTE
Ihr Ruderknechte, setzt das Boot zurück.
Dort reglos in des Flusses breiter Mitte,
Verborgen hinter seinen feuchten Schatten,
Dort sollt ihr warten, auf den Wellen stehend.
Kein Lärm von Erz, kein Todesschrei, kein Aufschlag
Dumpf auf den Boden kümmre euch. Ihr harrt,
Bis ich euch neu verlange. Erst wenn blutig
Der Morgen meines Vaters Grabturm streift
Und ihr von mir nichts wißt, kehrt um und meldet
Asyrtes Lebewohl Asyrtes Mutter,
Und daß sie ausging, ihren Freund zu schlachten,
Und hierbei umkam und nicht ungern umkam.
Stoßt ab.

JONA Prinzessin, dieses Haus ist ein gefährlicher Ort.

ASYRTE Ich weiß, es ist mein Mutterhaus. Ich suche aber Eskar; ich habe ein treffendes Wort gefunden, das ich bei ihm anbringen möchte.

JONA Ich sehe das Wort, es lautet Säbel.

ASYRTE Was wäre fehlerhaft daran?

ESKAR Es ist ein Schlußwort, falls es trifft.

ASYRTE Und was wäre fehlerhaft an Schlußworten?

JONA Sie fallen verfrüht, alle.

ASYRTE Weiser Mann, Sie ermüden.

Eskar.

JONA Da, der Herrscher. Kommen Sie hinter meinen Rücken und üben Sie ein wenig Geduld, er ist anschließend noch durchbohrt genug.

ASYRTE Das ist Ihr Ratschlag?

JONA Nicht meiner, das widerspräche meinen Vorschriften. Es ist ein Ratschlag der Vernunft.

ESKAR Noch nichts von Belit?

JONA Noch immer nichts, nein.

ESKAR Unerträglich. Ich habe ihre sofortige Freisetzung veranlaßt. Die Kanzlei für Auswärtiges hat Asyrtes Verfügung für ungültig erklärt; die Kanzlei für Sicherheit hat sich eingeschaltet, um die Ungültigkeitserklärung zu überprüfen, und sie, da Asyrte in Ungnade steht, bestätigt.

JONA Und?

ESKAR Die königliche Hauskanzlei hat den Vorgang an sich gezogen.

JONA Dann sollten Sie mit einer gewissen Verzögerung rechnen.

ESKAR Allerdings, das habe ich. Ich habe drei meiner Neger geschickt, um Asyrtes Wachen zu überwältigen und Belit zu mir zu führen. Alles in mir vereinigt sich in dem Verlangen nach Belit; was nämlich, abgesehen von dringenden Geschäften, keinen Aufschub leidet, ist Herzensungeduld und der Eifer, sie über meine Liebe ins Bild zu setzen.

ASYRTE Sagte er, er will sie über seine Liebe ins Bild setzen?

JONA Was fragen Sie, Sie haben Ihre eigenen Ohren am Kopf.

ASYRTE Ich traue ihnen nicht.

JONA Sie trauen ihnen zu sehr.

ASYRTE Vier Ohren hören mehr als zwei.

JONA Mehr, aber doch nichts anderes. Lassen Sie den Säbel in seinen Schleier gewickelt; er blinkt und wird Sie verraten.

ASYRTE Ich will zustoßen.

JONA Warten Sie doch ab.

ASYRTE Was?

JONA Sehen Sie, Belit erscheint. Er wird mit ihr sprechen und Ihr Vorhaben untermauern oder erschüttern; so ein Mord bedarf einer gewissen Festigkeit, vorher und auch danach.

Belit.

ESKAR
Endlich, Ersehnte. Endlich sind Sie hier.

BELIT
Ich will nicht hiersein. Ich komme, um zu gehn.

ESKAR
Das ist der holde Ton nicht unsrer Trennung.

BELIT
Unholde Stunden warens, die sich zwischen
Die Trennung schoben und das Wiederfinden.

ESKAR
Prinzessin Ararat, viel ist zu tun
Und will gedrängt sein in bestimmte Zeit.
Ersparen Sie uns Worte, die nur dehnen.

BELIT
Ersparen Sie mir Worte, die nur trügen.

ESKAR
Ja doch, ich mag in dem Punkt oder dem
Ganz offen nicht gewesen sein.

BELIT Nicht ganz!
In meine Wände saß ich roh gezwungen,
Elende Wärter vor der schweren Tür,
Des kargen Rests an eignem Sinn beraubt,
Den ich in meiner Knechtschaft doch genoß,
Der paar erlaubten Schritte hin zum Strom,
Dem heimatlich entquollnen, dessen Wasser
Mir Grüße raunen aus den Vaterbergen.

ESKAR
Ach, ists bloß das.

BELIT Freit man in Assur so?

ESKAR

Auf wie Geringes zielt Ihr Vortrag ab.

BELIT

Auf unerhörten Bruch des Geiselrechts.

ESKAR

Ein Mißgriff, nicht gewollt, ich hoff, erträglich.

BELIT

Und unerhörten Bruch von Mannesschwüren.
Fürst, das von Ihnen! Ach, Sie haben Recht,
Es war erträglich, aber nicht von Ihnen.

ESKAR

Prinzessin, bleiben Sie.

BELIT Sie bitten wieder?

ESKAR

Nein, hören Sie.

BELIT Ich weiß nicht, ob ich soll.

ASYRTE Sie buhlt unter der Maske der Verstimmung.

JONA Ich verstehe, was Sie meinen.

ESKAR

Der Ihrer Freiheit nahtrat, war nicht ich.

BELIT

Wer aber dann?

ESKAR Asyrte leider wars.

BELIT

Wenn es tatsächlich nur Asyrte war …

ESKAR

Ich sagte Ihnen, sie ist eifersüchtig.

BELIT

Albern genug, freilich, das wäre sie.

ESKAR

Ihr Wesen stimmt zu dem, was ich beteure.

ASYRTE Er macht starken Gebrauch von meinen Fehlern.

JONA Ja, aber Sie wollten nicht vorgreiflich urteilen.

ASYRTE Ja, aber sie sind schnell im Einverständnis hinsichtlich meiner Person.

BELIT

Gesetzt, sie tat es, warum dulden Sie,
Daß eine Ihre Liebe so beleidigt?

ESKAR

Erlaubt man mir das Wort! Schwer ohnedem
Fällt mir zu sagen, was gesagt sein muß,
Und wird durch schiefes Hören noch entmutigt.
In unserm Austausch heute morgen …

BELIT Ja?

ESKAR

Lag …

BELIT Ja?

ESKAR Kurz, seiner schönen Heftigkeit
War Absicht untermischt und Hintersinn.

BELIT

Hintersinn, Herr! Auch noch Beschuldigungen!

ESKAR

Der Herzensbund war nicht von Zwecken frei.

BELIT

Wie gut, wenn Herz und Zweck zusammenstimmen.

ESKAR

Nicht, wenn das Herz dem Zweck zum Vorwand dient.

BELIT

Ich gebe hierzu keine Äußerung.

ESKAR

Dann klipp und klar: Mein Herz kennt nur Asyrte.

BELIT

Sie lieben jene?

ESKAR Keine sonst.

BELIT Nicht mich?

ESKAR

Es ist heraus. Asyrte hang ich an
Mit allen Fibern meiner ganzen Seele,
Seit ich sie erstmals sah und länger her

Und bis ans Ende und gewiß noch drüber.

BELIT

Sie hatten Weile, Ihr Gefühl zu prüfen.

ESKAR

Oh nein, ich log und sage jetzt die Wahrheit.

BELIT

Dann ist Ihr Fühlen mir in Wahrheit fremd?

ASYRTE

Er sagt, er liebt nicht sie, und sagt, er liebt mich.
Und ich, den, den ich lieb und der mich liebt,
Verfolge ich mit einer blanken Waffe
Und laur' ihm auf in Bosheit und in Wut?
Ich muß von Sinnen sein. Er liebt mich, und
Ich weiß es nicht. Gewiß, ich liebe falsch.

ESKAR

Ihr Schweigen sammelt ein Gebirg von Klagen
Je stummer, desto mehr auf meine Seele.

BELIT

Nicht Vorwurf, Achtung läßt mich wortlos stehn.

ESKAR

Sie scheinen, wär es glaublich, fast erleichtert.

BELIT

Erleichtert, nein, beschenkt mit neuem Leben.
Ungern dem Dringen eines edlen Manns
Begegnet mein Geschlecht mit einem Nein.
Wenn das für Frauen gilt, wie sehr für eine
Gefangene. Ich gab aus Schwachheit bei,
Geehrt und doch mit innerm Widerstreben.
Sie glichen keinem von den Bildern, Fürst,
Die in mir ruhen, um geträumt zu werden.

ESKAR

So liebten Sie mich nie? Ganz sonderbar.
Sprachen Sie nicht, Sie tätens?

BELIT Weil ich sollte.

Es ist scheußlich, Liebe heucheln, wo man haßt.

Wir wollen herzlich gute Feinde bleiben.

ESKAR

Das ging wahrhaftig glatt.

BELIT Sie sind gekränkt?

ESKAR

Nein, ich muß froh sein.

BELIT Froh darf ich nun scheiden.

JONA Wohin?

ASYRTE Ich will mich ihnen zeigen und Abbitte tun.

JONA Ich habe Sie gehindert, auf ein unwillkommenes Stichwort hin loszustürmen.

ASYRTE Hierfür bin ich ja dankbar.

JONA Wieso wollen Sie es dann auf ein willkommenes hin?

ESKAR

Herrin, der Hauptpunkt ist noch unbesprochen.

BELIT

Ganz recht. Was, wenn nicht mich, erstreben Sie?

ESKAR

Menua. Einen Weg zu seinem Ohr.

BELIT

Menua hört.

ESKAR Was Sie erstaunen muß,

Ein insgeheimer Frieden eint bereits

Das Reich von Ararat und das von Assur.

BELIT

Das leuchtet ein. Ein Frieden gegen Babel.

ESKAR

Sie sind ganz in der Irre. Allenfalls

Ein Frieden ohne Babel, abgesondert

Von Babel.

BELIT Fürst, ich bin kein Kind mehr.

Ein Frieden ohne Babel ist der Krieg

Mit Babel. Nach hinweggeräumter Furcht

Vor Assurs Heeresmacht wirft Menua

Sich über Medien und Damaskus, steckt,
An Assurs Flanken unbehelligt reisend,
Judäa ein und die bemützten Perser
Und hat die Hure Babel in der Zange.

ESKAR

Sie sagten, Ihres Denkens Neigung gälte
Dem Großen und dem Allgemeinen kaum.

BELIT

Sagte ich das?

ESKAR Höchst unlängst noch.

BELIT Dann log ich

Und sage jetzt die Wahrheit. Also Frieden?

ESKAR

Ja.

BELIT Also Ninive gibt Babel preis?

ESKAR

Ich bin nicht Babels Amme, noch sein Hund.

BELIT

Was noch, das ich nicht weiß, soll ich jetzt wissen?

ESKAR

Man schlägt die Schlacht, des Friedens unbeschadet.

BELIT

Der Lenker sucht den Lenker vor der Schlacht?

ESKAR

Ein Handel wär erwägbar um den Sieg.

BELIT

Hier ist nichts auszuhandeln, der ist unser.

ESKAR

Ich bin auf Menuas Anschlag vorbereitet.

BELIT

Der Tiger hat nicht nötig anzuschleichen,
Er springt von seiner Klippe auf das Opfer.

ESKAR

Oder in eine Grube.

BELIT Eine Falle?

ESKAR
Wovon den Riß und Auskunft, wie sie klappt,
Dies Schriftstück birgt. Kann sein, es ist erhältlich.
BELIT
Wenn ichs erhielte, binnen nicht zwei Tagen
Besäße es mein königlicher Bruder;
Denn nicht so abgeschnitten, wie ich scheine,
Bin ich von Bergland, nicht so unterbrochen,
Wie man hier glaubt, ist unser Her und Hin.
ESKAR
Das ist der Grund, aus welchem wir uns kennen.
BELIT
Mithin ein großer Handel und ein ernster.
Der Feldherr hat ein Vaterland zu bieten.
Wir sind geneigt zum Kauf. Was fordern Sie?
ESKAR
Wer, ich? Ich liefre erst, dann fordre ich.
BELIT
Sie sind sehr billig oder viel zu teuer.
ESKAR
Auf Assurs Märkten kauft kein Fremder billig.
Mein Preis für Assur ist der Thron von Assur.
BELIT
Sie sitzen drauf.
ESKAR Unter Semiramis!
BELIT
Und säßen lieber unter Menua?
ESKAR
Der wohnt weit weg.
BELIT Und leichter wäre, geht
Die Rechnung so, als die der abzuwerfen?
ESKAR
Sprechen wir über Näherliegendes.
BELIT
Ich will den Wert und Gegenwert durchdenken.

Asyrte

Oh hätt ich nie zu lauschen anbegonnen.
Verruchtes Tun kam ich zu rächen her,
Übe Geduld und finde meine Rache
Im Irrtum – weh! und mir entdeckt sich eine
Noch tausendmal verruchtere Verruchtheit.
Das folgt daraus, daß ich mich mäßigte.

Jona

Hören Sie alles, lassen Sie sie enden.

Asyrte

Jetzt will ich es.

Belit

Reich lohnt mein Herr und Bruder seine Freunde.
Was, kurz, ist der Gedanke dieser Tafel?

Eskar

Die Absicht ist, durch vorgetäuschten Rückzug
Zwischen zwei Sümpfe Menua zu locken
Und dort von vorn und hinten abzusperren.

Belit

So daß, wenn Menua einen Sumpf umgeht
Und vor den Schlupf sich legt aus jener Enge,
Die außen kämpfen wollten, innen sind
Und in dem eignen Kessel ausweglos.

Eskar

Sie folgern flink.

Belit   Der Handel ist gemacht.
Geben Sie Assur her. Was von ihm bleibt,
Empfangen Sie von Ararat zurück.

Asyrte

Halt! dies geschieht nicht. Nimm und fahre hin.

Eskar

Säbel, ein Überfall. Wir sind entdeckt.
Hier, Ihre Tafel; räumen Sie den Platz;
Ich halte ihn, bis das besorgt ist.

BELIT

Ich eile, Fürst, und das Geschäft wird fliegen.

Ab.

ESKAR

Was, einer nur, und wagt sich gegen Eskar?
Armseliger Fechter, Schattenausgeburt,
Schon hab ich deine Klinge, dein Gelenk,
Jetzt will ich das Gesicht. – Asyrte, Sie!

ASYRTE

Ha, Sie erkühnen sich, verblüfft zu sein.

ESKAR

Nun, ich verstand, Sie wollten meinen Tod.

ASYRTE

Ich werde nie ermatten, den zu wollen.

ESKAR

Mein armes Mädchen, welch verrückter Wunsch.

ASYRTE

Lassen Sie los.

ESKAR Oh nein, Sie sind gefangen.

ASYRTE

Ich war bei allem hier, ich hörte alles.

ESKAR

Sie hörten alles?

ASYRTE Alles.

ESKAR Wirklich, alles?
Dann aber die Bekräftigung vernahmen
Sie meiner Liebe doch, und das vor der,
Von der Sie, daß ich sie begehrte, wähnten.
Sie sind mir teuer, Belit ist mir nichts.

ASYRTE

Ja, fleischliche Begierde hatt zu Belit
Mein Argwohn gegen Sie entworfen und
Mir vorgeführt. Mein Leben gäb ich jetzt,
Daß die Begierde fleischlich wäre.
Sie sollen los mich lassen.

ESKAR Nein, Gefangner.

Was, wenn nicht Frauenmißgunst, macht Sie schmollen?

ASYRTE

Betrug an meiner Mutter, meinem Vater,
An Babel und an Ihrem frühern Selbst.

ESKAR

Schon wieder das. Ich bat Sie zu vertrauen.

ASYRTE

Vertrauen, dem erweislich Schuldigen!

ESKAR

Ich liebte Sie noch mehr, wenn Ihrer Liebe
Kraft innewohnte und die Seelenklarheit
Zu einem Ja zu mir. Ich halte Sie.
Sie liegen mir im Arm. Ich bins, ich, Eskar.

ASYRTE

Im Zugriff eines Skorpions
Ist mehr Behagen als in Ihren Armen.

ESKAR *läßt sie los.*

Mag sein, ich schätze, Sie wären ihm zu giftig.
Es sei genug. Der Tag war arbeitsreich.

ASYRTE

So kann ein Schurke ehrlich müde sein.

ESKAR

Der Schurke ist nicht höflich und nicht wahr.

ASYRTE

Nicht wahr! Der Staat geprellt, der Krieg verschachert,
Und von des Führers eigner Hand geschlachtet
Die Tapfern, die für Assur sterben wollen.

ESKAR

Glauben Sie doch: Sie sprechen meine Worte.

ASYRTE

Dann wissen Sie den Schurken und sinds doch.

ESKAR

Ihr alter Zweifel, Belits wegen, trog,

Das sollte Sie am neuen zweifeln machen.

ASYRTE

Der Zweifel ist so neu nicht.

ESKAR Ist nicht neu?

ASYRTE

Heut Mittag schon, da weigerten Sie sich,
Den Helm zu nehmen gegen Ararat.
Heut Vormittag verkehrten Sie mit jenem.
Heut Morgen sprachen Sie, als erstmals wir
Uns sahn an diesem arbeitsreichen Tag:
Ich muß Ihr Mann, denn ich muß König sein.

ESKAR

Fräulein, ein Angebot.

ASYRTE Ein Angebot?

ESKAR

Empfangen Sie doch Ihren Säbel wieder.

ASYRTE

Viel Großmut.

ESKAR Nein, auf Gegenseitigkeit.

ASYRTE

Im Tausch wofür?

ESKAR Im Tausch für Ihr Gedächtnis.
Es ist die schneidendere von den Waffen.

ASYRTE

Sie spotten meiner minder festen Glieder.

ESKAR

Ich fürchte Ihre unerbittliche
Erinnerung.

ASYRTE Nachtragend soll ich sein?

ESKAR

Viel schlimmer, Sie sind dumm. Ihr kleines Hirn
Ist überfordert, voll mit Einzelheiten
Und ohne das Vermögen, auch nur zwei
Von denen einzureihn nach ihrer Ordnung.

Asyrte

Ihr Wesen leider ist nicht schwer zu fassen
Und fügt zum Ganzen sich wie von allein.
Kalt ist Ihr Herz, zu keinem Lieben taugend,
Berechnend, niemals redlich, ist Ihr Meinen,
Und alles Edlere blieb unentstanden.

Eskar

Auch die Enttäuschung darf so wüst nicht schmähen.
Wenn ich der bin, was zöge den zu Ihnen?

Asyrte

Die Gründe Ihrer Artigkeiten – deren
Ich einige errate, andre nicht –
Sie waren alle übel, einst wie jetzt,
Und Ihre Absicht war von Anfang unrein,
Und immer heiter sahn Sie, wenn ich litt,
Und weideten Ihr Herz an meinen Tränen.

Eskar

Des hält Ihr krankes Denken mich für fähig?

Asyrte

Für überführt.

Eskar Das durften Sie nicht sagen.

Asyrte

Sie sind mein Feind, der schlimmste, den ich weiß.

Eskar

Manches, Asyrte, läßt sich schwer vergeben.

Asyrte

Sie haben nicht Vergebung zu gewähren.
Geborene Verräter bringt man um.

Eskar

Ich hasse Sie um dieses Ausspruchs halb.

Asyrte

Den haßt wohl jeder, der ihn morden will.

Eskar

Ach, für den Mord, da liebt ich Sie ja sehr.
Doch durften Sie mich nicht Verräter nennen.

Welch ernsten Schaden stiften Sie in mir.
Wie wenn die Flut ein festes Vorgebirg
Abbricht und in dem Meer verschwinden läßt
Oder ein innres tief erzeugtes Beben
Die Kruste aufreißt, die der Mensch bewandelt,
Und uns ein Schauder anfaßt – nicht aus Angst,
Sondern weil solche Art Erschütterungen
Uns das Vertrauen in die Erde rauben
Und alles Rechte und Beständige –,
So haben Sie den Boden mir entzogen,
Drauf ich zu wohnen dachte bis ans Ende.
Sie wollten meine Liebe töten, und
Sie haben sie getötet, eine Liebe,
Die unverletzlich und unsterblich war
Außer im Fall, Sie wollten, daß sie stirbt.
Ich hätte, sagen Sie, Sie nie geliebt.
Ich fange an, Sie weniger zu lieben.

ASYRTE

Sehr starke Bilder: sturmgepeitschte Wogen,
Geborstne Berge, alle äußersten
Schauspiele der Natur, bemüht um nichts
Als um gekränkte Lumpeneitelkeit.
Behalten Sie die Schuld an Ihrer Schuld,
Ich will sie nicht zurück. Sie sind ein Streber,
Mein Herr, ertappt in seinem kleinen Aufstieg.

ESKAR

So klingt ein Weibchen, wenn es nichts verheimlicht?
Gehn Sie, Prinzessin, Ihre Gegenwart
Am Fuß der Königsburg ist ungesetzlich.
– Nun blieb kein Ziel mehr meinen Hoffnungen.
Im Stolz verletzt, im Lieben ungetrost.
Wenig hält den, den nur die Pflicht mehr hält.
Wo aber hin? Bei Hof würgt mich ein Grauen,
Das mich aufs Schlachtfeld noch verstärkt begleitet.
Ich will ins Lager fliehen vor der Stadt

Und im Geviert der Krieger mich verkriechen.
Nach hinten.

Asyrte

Beladen bin ich mit dem Schreckenswissen
Von Hochgefahr und innrer Gegnerschaft,
Und keiner, der mirs abnimmt. Warnen muß ich
Die Königin und darf zu der nicht gehen.
Wo aber hin? Könnt ich nach Babel. Babel
Ist fern; doch Babels Gott lebt hier zugegen.
In Marduks heilger Wohnung dienen Männer,
Die mit dem Oheim in Verbindung sind
Wie wieder der mit der betrognen Mutter.
So reise, Wahrheit, deinen langen Weg.
Ruderer, he! Zum Tempel, rasch, des Marduk.
Nach vorn.

Eskar Mein Fräulein, Ihr Ding.

Wirft ihr den Säbel nach. Beide ab. Jona verhüllt sich.

FÜNFTER AKT

Jona. Semiramis, in Geschäften.

JONA Gnädige Frau. *Semiramis ab, kommt wieder.* Gnädige Frau. *Semiramis ab.* Weib, willst du nicht stillhalten.

SEMIRAMIS *kommt wieder.* Tatsächlich, Sie weilen noch in unserem Ninive, Hofrat? Ich wollte, wir fänden wieder einmal Zeit für einander, es ist jetzt ungünstig, ich habe den Königsbart vorgebunden und bin von den Weltbegebenheiten beansprucht.

JONA Sie werden mich anhören, und jetzt.

SEMIRAMIS Eine Minute, weil Sie es sind.

JONA Solange als nötig. Denn ich habe den Entschluß gefaßt, Gott den Gehorsam aufzukündigen, was meine Zurückhaltung angeht, Ihnen die Augen zu öffnen und mit der Wahrheit seines Zorns in die Lüge dieses Gemeinwesens einzugreifen. Ich enthülle Ihnen den Grund meines Aufenthalts in Ninive; nachdem ich Sie das Fürchten gelehrt habe, werde ich Sie zur Buße und völligen Umkehrung Ihrer Handlungsweise auffordern; alles das aber wird eben die Zeit brauchen, die es braucht.

SEMIRAMIS Geben Sie sich keine Mühe, ich bin mit meinen Handlungen hochzufrieden.

JONA Ist das so? Was vernehmen Sie von der Schlacht gegen Ararat?

SEMIRAMIS Sie müßte stattgefunden haben.

JONA Was von Menua?

SEMIRAMIS Auch von Menua bin ich vorläufig ohne Nachricht.

JONA Von Ihrer Tochter?

SEMIRAMIS Wäre ich gefühlvoller, als ich bin, würde ich sagen, ich habe keine Tochter; so aber sage ich, Asyrte hält sich an meinen Verweis, und ich forsche ihr nicht nach.

JONA Und von Eskar?

SEMIRAMIS Mein Mitherrscher gibt sich im Hof der Krieger der Entspannung hin. Seine Empfindsamkeit, vielleicht auch die Sorge um seinen Ruf als Heerführer, gestattet ihm nicht, die Schlacht selbst zu leiten.

JONA Was also beansprucht Sie, wenn Sie so offensichtlich zur Untätigkeit verdammt sind?

SEMIRAMIS Lieber Herr, ich führe Gespräche mit allen Erdteilen.

JONA Gespräche!

SEMIRAMIS Da, sehen Sie, der Tigris ist überwimmelt mit Staatsbarken, Barken rarster Bauart und geschmückt mit bisher ungesehenen Wimpeln. Haben Sie die Triere des chinesischen Großkanzlers bemerkt? Hofrat, wir sind wieder wer.

JONA Zur Untätigkeit verdammt, wie ich sagte.

SEMIRAMIS Was ist das, ein Verhör?

JONA Genau.

SEMIRAMIS Wollten Sie mir nicht den Grund Ihres Hierseins aufdecken?

JONA Ich habe den Auftrag.

SEMIRAMIS Ja, von Gott, das erwähnten Sie. Sie sollen uns beobachten.

JONA Der vollständige Auftrag heißt: ich soll das Urteil fällen.

SEMIRAMIS Über Ninive?

JONA Über Ninive.

SEMIRAMIS Weshalb Sie?

JONA Das fragte ich Gott, weshalb ich? Schicken Sie

einen anderen, sagte ich, mir liegt das Verurteilen nicht, mir liegen Einsicht, Verständnis, Entschuldigung mit Umständen. Eben weil Sie der Besonnenste sind, sagte Gott, er spricht sehr eindrucksvoll und der Saum seines Mantels füllte den Tempel, schicke ich Sie; mir selbst nämlich, wenn ich einen Blick auf dieses Ninive werfe, zuckt es in den Fingern, und ich brauche einen, der mich vor Unbedachtsamkeiten zurückhält. Wenn es Ihnen in den Fingern zuckt, sagte ich, ich sehe lieber durch alle fünfe, wenn Sie Ninive verwerfen wollen, nehmen Sie einen Kollegen. Ich will Ninive keinesfalls verwerfen, sagte Gott, Sie sollen es verwerfen.

SEMIRAMIS Das ist ein reichlich zweideutiger Befehl.

JONA Ja, er drückt sich gewöhnlich so aus, am Ende bleibt alles an einem hängen.

SEMIRAMIS Ja, sein Auftreten hat etwas Königliches.

JONA Ich tat mein Bestes, aus der Sache herauszukommen; ich nahm ein Schiff nach Tharsis und landete in dem Walfisch nach Ninive.

SEMIRAMIS Um das Urteil zu verkünden?

JONA Zu dem Zweck.

SEMIRAMIS Nun denn, und das Urteil?

JONA Es ist mehr als ein gewöhnliches Urteil. Ich besitze die Gabe, vollmächtig zu verfluchen.

SEMIRAMIS Vollmächtig?

JONA Wirksam. Ich meine, die Wirkung des Fluchs tritt sofort ein.

SEMIRAMIS Fabelhaft. Wie machen Sie es?

JONA Ich spreche eine Formel aus, unter gewissen Gebärden; dann sammeln sich Wolken und regnen Feuer und Schwefel, heiß genug, Wasser brennbar zu machen und den Euphrat wie den Tigris zu verzehren, beide Ströme.

SEMIRAMIS Also dann fluchen Sie doch schon.

JONA Ich soll fluchen?

SEMIRAMIS Ja. Wie lautet Ihre Formel?

JONA Sie wünschen, daß ich sie ausspreche?

SEMIRAMIS Sicher, die Sache betrifft mich ja. Wie lautet sie?

JONA Diese Stadt Ninive will nichts, nur bleiben; vergehe sie denn!

SEMIRAMIS Bleiben, ist das nicht viel?

JONA Viel, wenn man es erreicht. Aber wenn man keinen höheren Vorsatz in seinem Streben hat als bloß den, ist es ein anderes Wort für Tod. Gläubt ihr nicht, sagt Gott, so bleibt ihr nicht, es ist eine seiner Redewendungen.

SEMIRAMIS Übrigens, Sie haben die Formel ausgesprochen.

JONA Wortwörtlich.

SEMIRAMIS Wo sind die Wolken?

JONA Nein, ich sagte Ihnen, Gebärden müssen die Worte begleiten.

SEMIRAMIS Welche Art Gebärden?

JONA Solche wie Raufen der Haare, Verdrehen der Augen, Armrecken gen Himmel; endlich dann falle ich zu Boden, alle vier Gliedmaßen vom Leib gestreckt.

SEMIRAMIS Alle Viere vom Leib, was für eine Aufführung.

JONA Ja, es ist ärgerlich, aber es ist erfordert zum Zeichen, daß ich es ernst meine. Ernst aus ganzer Seele, bis zur Verstörtheit ernst. Jeder Ausdruck einer rückhaltlosen Überzeugung kann nicht umhin, eine Spur Irrsinn zu enthalten.

SEMIRAMIS Hofrat, Sie enttäuschen mich. Ich hatte etwas Hoffnung, Sie wären ein gebildeter Mensch, aber Sie sind auch wieder nur einer von denen.

Eskar.

ESKAR
Mein König, alles, alles ist verloren.
Die Schlacht vertan, der Thron, die Heimat, alles.
SEMIRAMIS
Ich höre ein Geschrei statt einer Meldung.
ESKAR
Ich weise mich zurecht und will mich zügeln.
SEMIRAMIS
Die Schlacht vertan, was im Besondern meint das?
ESKAR
Der Menua verließ das Feld als Sieger.
SEMIRAMIS
So war es ja vereinbart in dem Frieden.
ESKAR
Doch, das war nicht vereinbart, Menua,
Den häßlichsten der Frieden, den noch brechend,
Nutzt den geschenkten Vorteil über Fug,
Dringt tief ins Innre vor, wie eines Feinds,
Umgeht die Hauptstadt Ninive und sitzt
In Assur-Stadt, weit unten schon im Süden.
SEMIRAMIS
So schnell in Assur-Stadt? Dies stammt von wem?
ESKAR
Von Menua. Ich selber sah den Aufruf,
Worin er sich den Gott des Stromlands nennt
Und Mächtiger Herr und Überwinder Assurs.
SEMIRAMIS
Mein alter Fehler, Freunde überschätzen.
Ich hielt ihn für nen Gauner, nicht für toll.
Wenn er beim Abgemachten blieb, es standen
Ihm alle Wege und bis Babel offen.
Jetzt zwingt er mich zu Babel, das zu mir.
Ich will gleich gehn mit Babel mich vertragen

Wie Freund und Freund. – Wer kommt hier, der nicht darf?

Asyrte.

ASYRTE
Töten Sie mich, es kann nichts mehr verschlimmern.
Aus Marduks Tempelhallen kehr ich wieder,
Wo ich Vermittlung suchte, Aussöhnung
Erflehte zwischen uns und Babels Langmut.
Die Priester, wie sie konnten, halfen sie.
Heute kam Antwort. Babel hat uns satt.
Wir sind erkannt als untreu und nicht würdig.
Ein Bündnis ist gegründet Babels mit
Den Judenstaaten, Syrern, Aramäern,
Mit allen Häfen, mit den Wüsten selbst.
SEMIRAMIS
Gewiß ein Bündnis gegen Ararat.
ASYRTE
Ein Bündnis gegen Ararat und Assur.
SEMIRAMIS
Dann bleibt die Wahl, am Rande wessen Reichs
Wir bei hinweggeraubtem Volk und Schätzen
Als unberühmter Landbezirk und Grenzstaat
Fortkümmern sollen. Seis am Rande Babels,
Seis Ararats, ein Königreich von Assur
Wird nicht bestehen und von dem kein König.
ASYRTE
Das Gräßlichste, mein König: diese Not
Hat einer, Mutter! dieser Mann, verschuldet.
ESKAR
Den Vorwurf nimmt ein Königswort von mir.
SEMIRAMIS
Sie schweigen, beide. Wer in alten Übeln
Herumwühlt, stört nur neue Übel auf.

ESKAR

Dem Spruch des Königs wird nicht widersprochen.

JONA

Ich widerspreche wohl. Denn noch ist Zeit,
Ein Haarbreit Zeit zum Widerruf der Fehler,
Und wie die Fehler widerrufen außer
Man ruft sie denn zuvor? Du schändliche,
Du gottverlassne Frau, Semiramis,
Du Trübsal und Verlegenheit des Ostens,
Du schwiegst genug. Nun sprich von deiner Schande.
Du höhntest über Gottes Strafgericht.
Jetzt zeterst du, als sei schon eingetreten,
Wovon all dies erst Ansatz ist und Vorschmack.
Semiramis, tu Buße! Nötig ist,
Daß du die Schlammflut deiner Missetaten
Vollauf begreifest und durchaus benennest
Und hieraus Kraft gewinnst, den Schluß zu setzen.

SEMIRAMIS Gut, ich will Buße tun.

JONA Gut.

SEMIRAMIS Für was?

JONA

Für schlechte Führung, minderwertigen Dienst
In deinem Amt, dem Staat. Denn wahrlich, auf
Zwei Herrschaftsweisen ist der Staat gegründet,
Auf Staatsvernunft, die das Vorhandne regelt,
Und Staatskunst, die ins Mögliche sich dehnt;
Doch was dem Staat den Grund entzieht, ist Staats-
schlaubergerei: dies selbstverliebte Lügen,
Dies alles dulden und so alles kränken,
Dies immer eins tun und das andre auch
Und keines folglich ganz, dies nicht den ärmsten
Gewinn ausschlagen und am Ende jeden
Verpassen: So entsteht der Ekel und
Der Niedergang. Das aber büße jetzt.

Semiramis

Sie reden schrecklich, doch aus Milde schrecklich.
Die Kruste brechen Sie mit Himmelsmacht
Meiner Verstocktheit auf, und aus mir treten
Darf mein bestimmtres Wissen von mir selbst.
Ja! Staatsschlaubergerei heißt mein Verbrechen.
Der lasterhaft sich stellt, wird lasterhaft.
Der alle täuscht, der darf auch sich nicht glauben.
Und meine zu umwegige List, Verrottung
Herbeizuführen, vorsätzlich, doch so,
Als waltete natürlicher Verfall,
Kurz, uns zu schädigen, um uns zu retten,
War krauses Zeug und Eitelkeit des Planens.
Assur, es schien dem Kleinmut meines Innern
Zu schwach für Babels alte große Sache,
Zu schwach für Ararats Verwegenheit.
Verloren schien es mir, und so verlor ichs.
Des Irrtums Wurzel war der Eigenzweifel.
Die Last der Welt war über meiner Kraft;
Ich zog die Folgerung daraus, die Welt
Sei über Menschenkraft. Mir schien, ich konnte
Nicht anders handeln, aber sehe nun,
Es war bloß ich die, die nicht anders konnte.

Jona

Wenn Einsicht sicher heilt, sind Sie genesen.

Semiramis

Und solcherart mit Königsmord und Narrheit
Hab ich des Staats lebendigen Kristall
Innen getrübt und außen ganz besudelt.
Fast aber mehr als das reut mich die Qual,
Die mir so geistreich vorkam zuzufügen
Jenen sehr edlen Seelen, Assurs Zukunft,
Der, meiner Tochter, diesem, meinem Feldherrn.
Denn Eskar – welch Gebirg der Sühne straft
Mich hierfür schwer genug? – Eskar befahl ich,

Mit Belit schönzutun und Menua,
Asyrte aber reizt ich gegen ihn
Als gegen ihren ärgsten Feind und meinen.
Eskars Verrat, Asyrtes Starrsinn, beider
Befohlene Verstellung ihres Wesens
Sind ganz mein Werk. Hiermit aber bekenn ichs.

JONA
Fügen Sie noch hinzu, was Sie bezweckten
Mit dem erbarmungslosen Doppelspiel.

SEMIRAMIS
Oh, nichts besonderes.

ESKAR
Wie, das, Asyrte, war der ganze Grund
Von Ihrem Haß und allzustarkem Rasen?

ASYRTE
Was ich an Ihnen fehlte, Sie an mir,
Es war durch Macht veranlaßt und nicht frei.
Sie sind gereinigt vom Verdacht und ich.

SEMIRAMIS
So ists. Nicht länger zwischen Ihnen steh ich
Als Dämon Ihrer Liebe. Und zum Zeichen
Von meiner wahren Buß und tiefen Unwürd
Räum ich den Platz in Assur Besseren.
Den Bart, ich leg ihn ab des Königtums,
Vom hohen Thron in Demut steig ich nieder,
Und meine Prunkgewänder will ich tauschen
In einen Sack und in der Asche sitzen.
Und allen Tieren, die durch Assur schreiten,
Seien der Schweif geschoren und die Mähne.

JONA Was ist mit Ihren eigenen Haaren?

SEMIRAMIS Wenn es wirklich nötig wird.

JONA Nun, alles in allem war es nicht übel, höchst offen und gründlicher, als ich es sonst erlebe. Verlangen wir nichts Übermäßiges; Gott fordert nicht das Vollkommene; der Hauptpunkt ist doch, daß wir sie los sind. Prinzessin, Herrscher, Sie dürfen einander vergeben; beeilen Sie sich, denn Sie haben nur so viel Augenblicke übrig, wie Liebe im Krieg hat.

ASYRTE Vergeben, was denn?

ESKAR Zwischen uns ist keine Kränkung möglich. Wer da im Hader lag, waren Puppen einer fremden Einwirkung, unsere an Fäden hangenden Hülsen, nicht wir.

JONA Los, umarmen Sie sich. Ich will erste Erfolge sehen, ich brauche das für meine Selbstachtung.

ESKAR
In meine Arme, lang entbehrte Freundin.

ASYRTE
Ich fliege wie ein Vogel in sein Nest.

ESKAR
Dann lieben Sie mich wieder?

ASYRTE
Fürst, da war
Nie keine Liebe. Sie drücken mich zu stark.

ESKAR
Ich lasse gern Sie frei.

ASYRTE
Sie tuns, und gern?

ESKAR
Ehrlich zu reden, die Umarmung schmeckt nicht.

ASYRTE
Sie schmeckt nicht, wie sie sollte, es ist wahr.
Wir sind versöhnt. Doch zittert eine dumpfe
Empfindlichkeit noch unberuhigt nach.
Ein Mal, da ließen Sie mich fallen. Aber
Der Kern der Liebe ist Getragensein
Und ist Gehaltenwerden. Es genügt nicht,
Die Abgeworfne wieder aufzunehmen.

ESKAR
Auch mir klingt mancher Unglimpf noch im Ohr.
Sie stehn gereinigt, doch es ist im Menschen
Was, das nicht einsieht. Wie, Asyrte, soll
Ich Ihnen, die ein Mal so Schändliches

Mir zuzutraun sich nicht empörte, glauben,
Ich sei im Vorteil Ihrer vollen Achtung?

ASYRTE

Wir sind, wir wissens, beide ohne Schuld.

ESKAR

Wir wissens, aber die Umarmung schmeckt nicht.

ASYRTE

Wenden wir uns dem Staat zu. Dort erscheint
Des Siegers Schwester, ihr erstarktes Wollen
Uns, den Besiegten, lebhaft auszudrücken.
Viel ist jetzt und mehr Dringendes zu tun.

Belit.

BELIT

Wie ruchlos bin ich, wie gemein betrogen.
Mein Bruder Menua, er liegt in Banden,
Gemetzelt Ararats erlesnes Kriegsvolk
Im Norden dort, uneingerechnet alle
Nebenschauplätze oder Nebentote.

ESKAR

Was hör ich, wir gewannen diese Schlacht?

BELIT

Durch Wortbruch und verletztes Einverständnis.

ESKAR

Wer wirft Eskar Verrat vor im Verrat?

BELIT

Ein totes Heer und ein gebundner König.

ESKAR

Es ist nicht möglich.

SEMIRAMIS Es ist wahr durch Gott.

Seitdem ich Gott gefiel, gefiel es ihm,
Mir beizustehn. Die Buße hat gewirkt.

JONA

Lästern Sie nicht. Vergangne Dinge kann
Auch Gott nicht ändern.

SEMIRAMIS Glaube, Mensch! er kann.
Doch seine Wunder liebt er einzukleiden,
Als ging es irdisch her. Dies nun der Hergang.
Der Menua, in Kenntnis unsrer Pläne,
Teilt seine Macht und formt sie in zwei Heere,
Ein offnes Heer, den Angriff vorzutragen,
Und ein geheimes mit der Weisung, unser
Geheimheer zu umfassen und im Bogen
Des Hinterhaltes Hinterhalt zu bilden,
Und wendet selber sich, des frohen Ausgangs
Im Voraus sicher, gegen Süden, wo
Er sich in Assur-Stadt als Eigentümer
Aufwirft von einem Reich, das er nicht hat.
Anrücken nun sieht Assur Ararat
In weit geringrer als vermeinter Stärke
Und soll – so wills der Plan – sich furchtsam stellen.
Aber der Blutdurst und die Siegsgewißheit
Befällt die unsrigen, und überhörend
Den Ruf der Obersten, aus eigner Einsicht,
Gehn sie, statt wegzulaufen, vor. Der Kampf
Wird plötzlich ehrlich. Und wir treiben den
Gehaßten Widersacher in den Fluß,
Um gleich zu schwenken und, vereint mit denen,
Die in den Sümpfen liegen, Ararats
Verdeckte Hälfte aufs Gefild zu streuen.
Und Augenzeugen hiervon, derart gänzlich
Gelang das Treffen, wohnen nur in Assur.

ESKAR
Es war schlechte Zucht.

SEMIRAMIS Die Zucht des Vaterlands.

ESKAR
Durch grobe Pflichtvergessenheit gewann
Die Schlacht ich, die ich zu verspielen dachte.

SEMIRAMIS
Nicht Sie, mein Fürst. Die Schlacht gewann sich selbst.

Und mittlerweile war mir ein Geringes,
Des eitlen Menua mich anzunehmen.
Gelt, so verliefs?

BELIT So falsch, ja, und so bitter.

JONA
Es klingt, als ob Sie alles lange wüßten.

ESKAR
Natürlich weiß sie!

JONA Wie, sie weiß?

BELIT Wo her?

ESKAR
Aus just demselben Quell wie Sie. Nur zapft sie
Bereits am Oberlauf und Sie erst unten.

JONA
Und klang es nicht, als sei der Sieg die Folge
Ihrer Bußfertigkeit?

SEMIRAMIS Bußfertig war ich,
Und nun, Sie sehen selbst, erfolgt der Sieg.

ASYRTE
Doch immer noch bleibt Babel gegnerisch.

SEMIRAMIS
Wer, Babel? nein. Das wohlberatne Babel?
Stand ich nicht offen stets auf Babels Boden?

ASYRTE
Es im Verborgnen stets zu unterwühlen.

SEMIRAMIS
Babel, für das ich siegte und mit dem?

ASYRTE
Das war versehentlich.

SEMIRAMIS Und war doch Sieg.

ASYRTE
Der Oheim, hierfür bürg ich, ließ Sie fallen.

SEMIRAMIS
Oh ja, das tat er und mit großem Recht,
Doch keinesfalls entgegen meiner Neigung.

Soeben ja mit meinem Vetter Babel,
Mit dem ich im Gespräch fortdauernd stand,
Erneute ich den alten engen Pakt,
Vorerst zwar unveröffentlicht, auf daß nicht
Unsichre Völker, unsre Größe scheuend,
Etwa zu Ararat sich bänglich schlügen,
Worin bedungen unter anderm ist
Und zugestanden, daß ich selbst die Krone
Vom Scheitel heben soll und Assurs Zepter
Andern geschicktern Händen übergeben.
Alles ward gut. Die sonderbare Sorge,
Die über diesen Tagen lastete,
Ist ganz gewichen. Assur steht mit Babel,
Und Ararat verschwand im Zeitendunkel.

JONA Geht es aus dem Punkt? Daher die Reue über Ihr Bündnis mit Ararat: es war gescheitert; daher der hochherzige Rücktritt: Sie waren schon nicht mehr König; ich weiß kaum auszudrücken, wie Sie mich anwidern.

SEMIRAMIS Mißfällt Ihnen, daß Ninive siegte?

JONA Mir mißfällt, daß es so siegte.

SEMIRAMIS Wie, so?

JONA So klein.

SEMIRAMIS Man kann die Menschheit nie zu klein ansetzen.

JONA Nein, ein Land, das auf die Art besteht, ist nicht wert zu bestehen.

SEMIRAMIS Was folgt, verfluchen Sie uns jetzt?

JONA Ja, Königin von Assur; denn die Eisenräder deines Siegeswagens sind beschmiert mit den zermahlenen Herzen deiner eigenen Diener und treuen Freunde. Ich verfluche dich, Semiramis, und rufe den gerechten Himmel.

SEMIRAMIS Passen Sie alle auf, er hat mir erklärt, wie er es macht.

JONA Diese Stadt Ninive, hören Sie mich, Gott, sie will nichts als bleiben.

SEMIRAMIS Jetzt sollten Wolken erscheinen.

ESKAR Tatsächlich. Wolken.

ASYRTE Sie ziehen von allen Seiten herauf. Es sind niedrige Wolken von einem kalten Steingrau und mit schwefelgelben Rändern.

SEMIRAMIS Das macht, sie bergen das Feuer.

ASYRTE Aber sie zögern, sie bleiben vor der Mauer stehn.

SEMIRAMIS Vielleicht wirkt es nach und nach.

JONA Nein, wenn es wirkt, wirkt es schlagartig.

SEMIRAMIS Sie haben Ihren Satz nicht beendet. Sie müssen hinzufügen: Vergehe sie denn.

BELIT Fügen Sie es hinzu, ich bitte Sie, all meine Flüche stehen dem Ihrigen bei.

JONA Fräulein, ich benötige Ihre Verstärkung nicht.

ESKAR Wir möchten uns nicht aufdrängen, aber auch Asyrte und ich legen nicht viel Gewicht mehr auf Fortbestehen dieser Ortschaft und ihrer Einrichtungen.

SEMIRAMIS Keine Erregung jetzt. Er sagt: Vergehe sie denn; mehr ist nicht erfordert.

JONA Wenn keine Einwände sind – vergehe sie denn!

ASYRTE Nein, die Wolken treten wieder ab.

ESKAR Es klart auf.

SEMIRAMIS Sie haben einen Fehler gemacht, Hofrat.

JONA Ich habe keinen Fehler gemacht, ich bin sicher. Ich habe Ninive ausgelöscht, in aller Form und mit zureichenden Gründen.

SEMIRAMIS Es ist wahr, ich sehe den Fehler auch nicht. Außer, daß sie noch steht.

JONA Machen Sie sich nicht lustig über mich. Es ist keine Kleinigkeit, eine Stadt zu widerrufen.

SEMIRAMIS Aber was ging schief?

JONA Der Fluch war unvollständig.

SEMIRAMIS Nein, es war der genaue Wortlaut.

JONA Die Gebärde fehlte.

SEMIRAMIS Es war Ihnen nicht ernst, das muß ich Ihnen vorwerfen.

JONA Es war mein voller Ernst.

SEMIRAMIS Weshalb unterließen Sie die Gebärde?

JONA Ich brachte es nicht über mich, dermaßen den Anstand zu verletzen.

SEMIRAMIS Dann war es Ihnen nicht ernst, oder sehr wenig.

JONA Ninive will untergehen; bin ich Ninives Hampelmann, daß ich wollen sollte wie Ninive? Alle Gesten, die zu Ninive gepaßt hätten, wären höchst unpassende Gesten gewesen.

SEMIRAMIS Er hätte nur mit den Augen rollen müssen, das war alles.

JONA Es widerstrebt einfach dem Stilgefühl. Es verstößt gegen den guten Ton. Ein Weltuntergang, was immer für ihn spricht, er bleibt ein geschmackloses Ereignis.

SEMIRAMIS Wieviele Worte, nur um zu sagen, daß es Ihnen nicht ernst war, und warum war es das nicht? Weil Sie ganz gut wußten, daß Gott gegen Ninive keine Aussicht hat. Gott gegen die Welt, sehen Sie, das wird Gott immer verlieren. – Beschließen wir.
– Wir danken allen, die zu Assurs voll
Erneutem Glanz verdienstlich beigetragen.
Wir danken Eskar, der den Feind verdarb,
Asyrte, die zum Freund die Freundschaft hielt,
Und auch Herrn Jona, der, so rechnen wir,
Die Welt berichten wird und staunen machen
Von unsern hohen Unternehmungen.
Doch nehmen selber wir in dieser Stunde
Von unsrer eignen Hoheit willig Abschied.

Es ist ein andrer Abschnitt in der Zeit.
Mögen ihn andre, wie ich meinen, meistern.
Ein König muß nicht bleiben. Bleiben muß
Das Blut des Schamsch und muß der Geist des Schamsch.
Drum, wie das Volk und das Gesetz verlangen,
Den Herrscher jetzt benenn ich, der, ein Meister
Der neuen Zeit, mir folgt. Man rufe Gotthelf.

Auftritt Gotthelf, ein Tölpel.

SEMIRAMIS
Hier steht, durch mich von Schamsch geboren, Gotthelf.
Nun juble, Reich. Es lebe König Gotthelf.

EPILOG

Die Darstellerin der Asyrte Zugestanden, in diesem Drama wird so viel und dreist gelogen, daß selbst manche von uns Schauspielern erröteten. Die Absicht, natürlich, war Lebensnähe. Der Epilog glaubt, daß selten die Regeln der Kunst und die Regeln der Wirklichkeit so in eins gebracht worden wie eben hier durch uns; wenn Ihnen diese, die Wirklichkeit, mißfiel, hat Sie vielleicht jene, die Kunst, erfreuen können, und wenn Ihnen jetzt wunderlich zu Mut ist, dann doch wunderlich auf einer ganz exquisiten Ebene. Ein Trost auf den Heimweg: Ninive ging tatsächlich unter, aber erst zweihundert Jahre später, und nicht durch Gott, sondern durch Babel, das übrigens auch unterging, und sollte Sie eine gewisse Bangigkeit ergriffen haben, das Theater zu verlassen und in Ihre Stadt hinauszutreten: drei gegen eins, sie steht noch. Guten Abend, und empfehlen Sie uns Ihrem Nachbarn.

Das Ende

Jona, Beiwerk und Hintersinn

Zwei Denkwürdigkeiten aus preußischen Feldzügen

»Das Verhältnis von Staaten ist das von Selbständigkeiten, die zwischen sich stipulieren, aber zugleich über diesen Stipulationen stehen«.

Hegel, »Rechtsphilosophie«

Die Außenpolitik ist an der Politik das Geistlose. Wenn die Innenpolitik die Durchsetzung von Gedanken zwar gewiß nicht zum Ziel hat, so arbeiten doch die Klassen, wenn sie ihre Machtkämpfe betreiben, unbewußt und nebenher an einem Gesamtgefüge, dem Staat. So ein Staat hat eine Grenze; die ist der Rand, bis zu dem man gehn kann, und der Rahmen, innerhalb dessen Fortschritte sich abstecken und messen lassen.

Die einzelne Klasse hat gelernt, ihr Bedürfnis mit dem der Gesellschaft zu vereinbaren. Indem sie um den Rang in der Gesellschaft streitet, erkennt sie sie an. Indem sie sich bemüht, das Ganze nach ihren Vorstellungen zu gestalten, bemüht sie sich um das Ganze. Sie hält den Kampfort sauber, der auch ihr Wohnort ist. Für den einzelnen Staat gilt das alles nicht. Es gibt keine Staatengesellschaft. Für eine bessere Gesellschaft geht zu kämpfen, nicht für eine bessere Welt.

Wie verschieden Staaten in ihrer Gesittung irgend sein mögen – unter sich sind sie einfach gleich. Ihrer innern Bildung nach sind sie mehr oder minder menschenähnlich. Nach außen sind sie noch immer wie die Höhlenleute, ich will sagen, wie die unerzogenen unter denen. Oder wie Hegel sagt: »im Naturzustande gegeneinander«.

Daher steht die Außenpolitik mit den jeweiligen Innenpolitiken kaum in genauem, gelegentlich in umwegigem und gemeinhin in gar keinem Zusammenhang. Man hat Freunde und Feinde in ihr. Aber es ist nicht erfordert, daß man mit dem Feind verfeindet sei, und ausgemacht, daß man des Freundes Freund nicht ist. Man fragt den Freund nach dessen Stärke und ist gleichgültig im Betreff seiner sonstigen Eigenschaften, und diese Gleichgültigkeit ist wahrlich ohne Schranke. In der Innenpolitik ist ein Punkt, bei dessen Überschreitung selbst der Papst absetzbar wird: Abfall vom Glauben. In der Außenpolitik ist ein solcher Punkt nicht. Der Pakt mit dem Teufel kommt nicht nur vor, er ist der Regelfall. Der Ausdruck Bundes-Genosse ist sicherlich übertrieben.

Die äußere Politik ist die äußerliche, und ich frage mich, ob sie überhaupt Politik ist. Sie kennt keine Gründe als den Grund der Macht. Wenn es einen Unterschied zwischen Politik und bloßem Machtvergleich gibt, dann ist Außenpolitik nicht Politik. Ihr fehlt zur Vernunft nicht lediglich der Inhalt; ihr fehlt sogar die Form der Vernunft, die Folgerichtigkeit: ein Zusammenhang, der Schlüsse zuläßt. Es haben schon welche versucht, außenpolitische Abläufe mit Rechenmaschinen zu berechnen. Wahrscheinlich hätten sie sich der Wirklichkeit besser genähert, hätten sie zu einem Würfelbecher gegriffen.

Aus welcher Hilflosigkeit heraus diejenigen, die sich mit Außenpolitik beschäftigen, für Tüchtigkeit ihres Verstandes nicht eben berühmt sind. Das außenpolitische Theater hat nur Clowns zu Helden. Die Fähigkeit zur Lüge zeugt von einer gewissen Reife des Gehirns, aber es sind allein die Wilden oder die Kinder, die lügen, ohne im Besitz einer Wahrheit zu sein. Die Diplomaten verschweigen, was sie selbst nicht wissen, und versuchen, ihren Gegnern Geheimnisse zu entlocken, die die selbst nicht haben. Hierin erschöpft sich ihre ganze Kunst. Es ist nicht etwa List, wenn sie alle irgendwie an Henry Kissinger erinnern. Sie sind wirklich Idioten.

In der Innenpolitik, wo die Schranken der Wut feststehn, zeigt man Erbitterung, oft übertriebene. In der Außenpolitik, wo alle Gemütlichkeit aufhört, gibt man sich gemütlich. Die Diplomaten schmeicheln jedem grob ins Gesicht hinein, auch wenden sie viel Kraft daran, einander Seelen-Einklang zu beteuern und denselben mit Gebärden der Zuneigung und kleinen Geschenken zu beweisen. Der Gedanke dabei ist, daß in der Außenpolitik alles vom guten Willen abhänge und es den folglich zu zeigen gelte. Der Fehler an dem Gedanken liegt darin, daß Außenpolitik auch vom guten Willen nicht abhängt, sondern schlechterdings von nichts.

Unwahrhaftigkeit und Eidbruch gehören also zur Diplomatie, nein, sind sie. Bei zweck- und grundlosen Handlungen werden die Mittel die Ziele. Ich kenne eine Menge Leute, die sich für geborene Diplomaten halten, allein deshalb, weil sie geborene Verräter sind, und bin gar nicht sicher, ob sie da irren. Die Außenpolitik liebt die Untreue um der Untreue willen. Großen Genuß hat sie an der Untreue mitten im Krieg, am Sonderfrieden, und der Sonderfrieden wird zur vollkommenen Lust, wenn er mit Verstellung verbunden ist. Der geheime Sonderfrieden ist der Außenpolitik schönster Augenblick.

Ich möchte in dem Chaos, in das ich mich hineingefolgert habe, nicht bleiben. Die Erzeugungsverhältnisse machen das Wesen natürlich auch der Außenpolitik; sie erscheinen nur in ihr so weitläufig vermittelt und so durch Zufälle verunreinigt, daß es einen oft verdrießt anzunehmen, sie erschienen. Es besteht aber im Europa des 18. Jahrhunderts eine Feindschaft, der eine Art Philosophie einwohnt. Die Rede ist von dem Haß und Dauerkrieg zwischen Frankreich und England. Um die Achse dieser Feindschaft dreht sich der Rest des Erdballs; für diese Feindschaft immerhin gibt es nachvollziehbare Ursachen.

Die Erbfehde aus der Lehenszeit gern vernachlässigt, sind es deren drei. Erstens: der Kampf der beiden weitestgeschrittenen Völker um den Vorrang. Zweitens: der Streit um die amerikanischen Besitztümer, eine Ursache, die unser Bedürfnis nach Sinn in der Geschichte nun doch ein wenig befriedigt. Drittens: die gleichsam körperliche Abneigung, die zwischen einem Gemeinwesen, das sich der Vorteile der Ordnung bedient, und einem, das die Vorteile der Unordnung für ergiebiger ansieht, zu herrschen nicht umhin kann. Bei diesem letzten Punkt geht es zwischen dem Beamten- und dem Ständestaat, also in der Außenpolitik wahrhaftig und tatsächlich um Innenpolitik.

Derselbe Gegensatz nun spiegelt sich, in der angemessenen Verkleinerung, als der Gegensatz Preußens und Österreichs wider. Kein Zweifel, Preußen – kräftig allein durch Fürstenwillen und Heer, eingerichtet von oben eher als von unten – ähnelt nach Art und Haltung Frankreich. Es wie jenes vertritt den Staat als vernünftige Form des Zusammenlebens – wenn wir übertreiben und wissen, daß wir übertreiben. Selbstverständlich baut die Vernunft ihr Gebäude nicht aus dem Nichts; sie baut es aus den abgeschlagenen Köpfen der Unvernunft, und wir ehren ruhig auch die Guises und die Quitzows, jedenfalls deren abgeschlagene Köpfe. Aber das Recht zum Verallgemeinern einmal stark beansprucht, vertraten Frankreich und Preußen den Vernunftstaat.

Und vertrat Preußen Deutschland. Preußens Absichten konnten keine deutschen sein, außer indem es preußische waren. Zur andern Wahl gegenüber dem wohlverwalteten Einzelstaat stand das römische Kaiserwesen:

Vormacht Habsburgs, Frechheit des Papstes und Übermut der Stände, äußerste Unlust mithin an jeder Erhöhung des Anstandes und des Wissens. Alle Deutschen, die wir groß finden, Luther, Friedrich, Goethe, Hegel, Bismarck, waren tätige und überzeugte Verfechter des Fürstenstaats als der Wohnung des Weltgeists auf deutschem Boden, und der Gedanke, daß Preußen eigentlich auch für Deutschland sich ins Zeug legte, ist weder neu noch aus dem Nachherein; selbst der junge Engels hatte eine Ahnung davon. Der alte mußte es dann einsehn.

Über die Nachricht, daß Friedrich, wie Hegel in der Geschichtsphilosophie erklärt, »das Bewußtsein von der Allgemeinheit hatte«, verfügten bereits zu Friedrichs Zeit so viele, daß ich kaum glauben kann, daß Friedrich selbst nie sollte davon gehört haben. – Demnach war Preußen wohl gewöhnlich mit Frankreich verbündet? Nein, meistens mit England. – Das Preußen des 18. Jahrhunderts, wissen wir heute, war kein Zwerg, sondern ein Riese in Kinderschuhen. Aber klein war es. Freunde konnte es sich nicht aussuchen, und Neigungen konnte es sich nicht leisten. Vielleicht ist das das Gesetz: daß, je mehr Robustheit ein Staat hat, in desto erkennbarerem Maß seine äußere Politik der innern ähnelt. Und dann noch das: Alle hervorragenden Außenpolitiker waren zugleich hervorragende Innenpolitiker; durch Außenpolitik allein hat sich noch keiner einen Ruf erworben.

Ich habe vorgebracht, was zugunsten von Außenpolitik vorbringen sich läßt. Die Suche nach Trost hat mich im Kreis geführt; ich beende die Einschaltung dort, wo ich ausging. Ganz innig bei sich selbst, sagte ich, ist Außenpolitik beim geheimen Sonderfrieden; in ihm hat sie ihr hohes, himmlisches Behagen. Das höchste Frohgefühl, folglich, genießt sie in des geheimen Sonderfriedens tätlichem Zustand: das ist die Schlacht mit vereinbartem Ausgang, die nach Absprache gewonnene oder verlorene Schlacht.

Ich will zwei von denen vorstellen, die Schlacht um die Stadt Neiße als Folge des geheimen Sonderfriedens von Kleinschnellendorf und die Schlacht bei Kaiserslautern, welche dem geheimen Sonderfrieden von Basel entsprang. Wir begeben uns zunächst in den Dezember des Jahres 1740 und betrachten die äußern Verhältnisse zwischen Preußen und Österreich.

Friedrich war schon ein halbes Jahr lang König, Maria Theresia erst zwei Monate Königin. Friedrich hatte Geld, Maria Theresia keines; Friedrichs Heer war das ausgeruhteste, Maria Theresias das erschöpfteste; man hätte also Friedrich als launisch bezeichnen müssen, wäre er nicht auf den Einfall gekommen, ihr etwas wegzunehmen. Verständigerweise fiel sein Blick auf die siebzehn Fürstentümer und sechs Standesherrschaften, die man später als Schlesien kennen würde; dort hinein nun ließ er seine Truppen rücken, und zugleich schlug er Frankreich, Bayern und noch ein paar Ländern vor, sich mit ihm zu befreunden und Österreich unter sich zu verteilen.

Die Königin von Ungarn begriff, daß es der Feinde zu viel waren. Sie zeigte sich bereit, Friedrich seinen Teil, Schlesien, abzulassen, unter der Bedingung, daß er sich aus seiner äußern Verabredung zurückzöge. Friedrich sah sofort den doppelten Vorteil dieses Angebots: er hatte seines, und die Freunde hatten ihres nicht. So traf er sich in aller Stille im Haus eines österreichischen Grundbesitzers mit Maria Theresias Oberbefehlshaber. Ein englischer Sonderbotschafter, froh, Frankreich schaden zu können, machte den Vermittler, und sie schlossen Frieden und einigten sich auf Österreichs Vorschlag. Die einzige Schwierigkeit war, daß Friedrich die

Freunde, während sie im Krieg zu tun hatten, nicht enttäuschen mochte.

So kam man überein, den Frieden zu verschweigen und den Krieg »der Form halber« fortzusetzen. Man focht eben um Neiße; man beschloß, um Neiße weiterzufechten. Die Schiebung kostete, als sie herauskam, Friedrich den Ruf, ein Ehrenmann zu sein, was im Verständnis der Außenpolitik nur hieß, daß er kein Narr war. Bis dahin aber wurde die Belagerung von zwei preußischen Generalen, dem Erbprinzen Leopold von Anhalt-Dessau und nach dem dessen Onkel, dem Prinzen Dietrich, mit großer Sorgfalt durchgeführt; denn sie wußten von nichts, und ihnen war entgangen, daß sie Friedrich eine Festung eroberten, die ihm schon gehörte.

»Canoniers und Bombardiers« taten ihre Arbeit; (die Begebenheit wird in der »Helden- Staats- und Lebens-Geschichte Friedrichs des Andern« von 1746 sehr anschaulich geschildert). Rotglühende Eisenkugeln flogen über die Stadtmauer herein und heraus, und die Kartätschen ließen die Eisenstücke und Nägel, mit denen sie gefüllt waren, unter die Leute hageln. Die Gegend von Neiße ist sumpfig, auch hatte es Überschwemmungen gegeben. Beide Seiten zeigten viel Mut, bis endlich der Absatz 2 der Kapitulation in Wirkung trat. Der Befehlshaber von Neiße erhielt Order aufzuhören. Pünktlich am 31. Oktober 1741 marschierten die Verteidiger, oder was von ihnen übrig war, und die Belagerer, oder was von ihnen überlebt hatte, mit durchweichten Stiefeln und nassen Fußlappen in ihre Winterwohnungen.

»Fast Jedermann«, so erzählt der Verfasser der *Helden-Geschichte*, »wunderte sich demnach höchlich, wie es doch immer zugegangen sey, daß sich besagte Festung dieses Mal so geschwinde übergeben«. – Ich bitte jetzt den Leser, mir ins Jahr 1794 und in den Krieg zu folgen, den Friedrich Wilhelm II gegen die französische Republik führte.

Auch er war nicht freundlos und nicht allein. Die Freundesschar, die, diesmal auf Anregung Englands, gegen das neue Frankreich sich gebildet hatte, stellte eine nicht minder vollständige kriegerische Einmischung dar als die, die die Mächte der Gegenrevolution in unserm Jahrhundert gegen den neuen Sowjetstaat zusammenbrachten. Spanien griff über die Pyrenäen an, Italien über die Alpen, Holland von Norden. England kämpfte an allen Küsten, vornehmlich aber an der Bürgerkriegsfront, der Vendée. Am Rhein hatte Österreich sich aufgestellt, mit ihm das Reichsheer und eben auch, wie es sich von selbst versteht, unser Preußen. – Versteht es sich von selbst?

Es gibt immer eine Geschichte zum Vorzeigen und eine Geschichte, wie sie war. Der Rheinfeldzug eignete sich erstklassig zum Vorzeigen. Im Januar 1793 wurde Ludwig XVI von Robespierre hingerichtet, gleich drauf begann der Strafkrieg. Im Juli 1794 wurde Robespierre seinerseits hingerichtet, gleich drauf begannen die Anstalten zur Versöhnung; Weltgeschehen kann sittlicher gar nicht hergehn. – Die Geschichte, wie sie war, leider, sah anders aus.

Denn Tatsache ist, daß Preußen in der Stille schon seit 1793 zu Basel mit dem Beauftragten des Königsmörders Robespierre verhandelt hatte, und Tatsache ist auch, daß es im selben Jahr, lange vor des Königsmörders Abtritt, einen Vertrag mit der Zarin Katharina übcr Polens zweite Teilung geschlossen und den Krieg mit diesem Lande begonnen hatte, in dem allein es etwas für es zu holen gab.

Mit einem Wort, Friedrich Wilhelm II, dem gleich wenig an englischer Übermacht wie an österreichischem Gebietszuwachs im Westen gelegen war, hatte sich dem

Gestade des Rheins entrissen und war nach Polen abgereist. Auf die oder jene Art war die Frage der Menschenrechte seiner Aufmerksamkeit entglitten. Der preußische Gesandte fuhr fort, mit dem schweizer Botschafter der französischen Republik seine Plauderstunden abzuhalten, und endlich, im April 1795, trennte sich Preußen offen von seinen Freunden. Der Baseler Frieden war so gut, wie ein Erzeugnis der Außenpolitik nur sein kann, ehrlos und vernünftig. Aber der offene Sonderfrieden von Basel war seit ziemlich zwei Jahren ein geheimer Sonderfrieden gewesen, und *fast Jedermann verwunderte sich demnach höchlich*, daß Preußens Auseinandersetzungen mit dem gemeinsamen Feind im Jahr 94 seltsam schleppend verliefen. Irgendwie gelang es den Preußen und den Franzosen nicht mehr, einander auf dem Schlachtfeld zu finden. Ich weiß nicht, wer das schreckliche Wort »zögerlich« erfunden hat, aber es war unverkennbar: Preußen haßte Frankreich zögerlich.

Man führte den Krieg noch und hatte schon den Frieden. Man vergoß noch Blut, aber doch nur *der Form halber.* Die Lage ist schön vorgestellt in den »Erinnerungen eines alten preußischen Offiziers«, bei Carl Heymann 1833 erschienen. In der Lage nun, im August 1794, entdeckte der preußische Oberbefehlshaber Möllendorf, daß einer seiner Unterbefehlshaber, der Erbprinz von Hohenlohe-Ingelfingen, den Wunsch hatte, eine Schlacht zu schlagen.

Wir können mit Möllendorf fühlen. Es ist nicht leicht, eine Schlacht einem General, der sie sich in den Kopf gesetzt hat, wieder auszureden, und ein unmißverständliches Abblasen der Schlacht hätte die gegen Frankreich vereinten Freunde aufs Verdrießlichste *enttäuschen* müssen. Möllendorf durfte sich Hohenlohe nur in Anspielungen mitteilen, und Hohenlohe, ein Dummkopf, der sich gern mit Karl XII verglich, wollte die nicht verstehen. Er verwickelte sich in die Schlacht und tat dann so, als hätte er sie, weil er in sie verwickelt war, annehmen müssen, und schlug seines Königs insgeheime Verbündete am 20. September 1794 unweit der Stadt Kaiserslautern.

Es gibt aber zu diesem Thriller, den der alte Offizier erzählt, noch eine Fassung mit einer Doppelpointe mehr. Diese Fassung sagt, daß der preußische Generalfeldmarschall in seiner Klemme seinen französischen Kollegen, den Lazare Hoche, vor Hohenlohes Angriff warnte, und daß aber Hohenlohe in seiner blöden Pfiffigkeit den Angriff um einen Tag vorverlegte und so die Franzosen, ungeachtet sie gewarnt waren, besiegte. Der die Handlung in dieser Gestalt erzählt, ist der deutsche Dichter Arno Schmidt. Die Professoren, bei denen ich mich erkundigte, kannten sie nicht. Ich hatte die Wahl, entweder dem Dichter oder den Professoren zu glauben. Ich entschied mich dafür, selbst nachzusehen, und fand in Massenbachs »Memoiren« folgende Stelle:

»Der Erbprinz (Hohenlohe) aber hatte für gut befunden, seinen Gegner einen Tag früher, als bestimmt war, anzugreifen. Der Erbprinz verwandelte nämlich seine Rekognoszierung in einen nachdrucksvollen Angriff. Von dieser Abänderung des verabredeten Plans konnte der Feind nicht mehr avertiert werden; denn daß der Feind von Kreuznach (Möllendorfs Hauptquartier) aus von dem Vormarsch des Hohenlohischen Korps benachrichtigt worden, ist mehr als wahrscheinlich. Wer die Mühe dieses Benachrichtigens übernommen, weiß ich freilich nicht. Die alles enthüllende Zeit wird auch den Schleier wegnehmen, der jetzt noch auf diesem Werke der Finsternis ruhet«. – Massenbach kommt uns hier in seinen Hoffnungen ein wenig treuherzig vor. Die Zeit enthüllt alles, aber nicht alles schnell. Die »Memoiren« sind seit 1809 nicht wieder gedruckt, und Massenbach ist heute noch genau so totgeschwiegen, wie er unter dem dritten Friedrich Wilhelm war.

Aber wie das immer im Einzelnen sich verhalten habe: Preußen wollte das Hohenlohische Morden während des Friedens nicht, und das Geheime an dem Frieden verwehrte ihm, es zu verhindern. Der Sieg hatte nicht sein dürfen; Hohenlohe erntete viel Undank, behielt freilich seinen Willen und seinen Ruhm. Der Zwischenfall wurde in märkischen Adelskreisen stark besprochen, und ich habe den dringenden Verdacht, daß Heinrich von Kleist der Stoff gefiel und daß er später aus dem Prinzen von Hohenlohe seinen Prinzen von Homburg machte.

Unser aller Urteil über eine Sache wird, stärker als es sollte, durch die Beleuchtung beeinflußt. So sehr wie Sonnenschein eine schöne Landschaft noch verschönt, in dem Grad sinkt die Stimmung bei einem Gemetzel, wenn dasselbe bei tiefbäuchigem Gewölk und Regensturm durchgeführt wird. Sollte ich je gehängt werden, will ich im Juni gehängt werden. Während der Schlacht von Kaiserslautern ergoß sich das Wasser vom Himmel und peitschte durch die Wälder. »Gefangene«, sagt der alte Offizier, »wurden hier wenig gemacht«. Es fielen genug Soldaten, wie für eine Heldentat nötig; anschließend begab sich der Rest mit triefenden Hüten und ungetrockneten Waffenröcken in seine Winterwohnungen.

Neiße und Kaiserslautern, das sind zwei Beispiele von etlichen. »Es war grausam«, schreibt Massenbach, »diese mit Blut gefärbte Sandkörner in die Augen unserer Bundesgenossen zu streuen, damit sie nicht entdecken sollten, daß wir an einem Winkelfrieden arbeiteten«. Was Wunder, daß, angesichts derartiger *Werke der Finsternis*, ein gewisses Unvergnügen an Außenpolitik seit alters sich gebildet hat und immer öfter laut wird.

Der Haupteinwand gegen die Außenpolitik liegt weniger in den mit ihr verbundenen Greueln als vielmehr in ihrer offensichtlichen Ergebnislosigkeit. Im neunten Jahrhundert zerfiel das letzte Großreich hier, das der Karolinger, und wurde Europa von Karl dem Kahlen und Ludwig dem Deutschen im Vertrag von Mersen eingerichtet. Vergleicht man die Staatenkarte von 870 mit der gegenwärtigen, so ist es im Großen Ganzen dieselbe. Alle Völker sitzen, wo sie saßen. Wozu dann aber der Aufwand? Man täte sicher am klügsten, die Außenpolitik überhaupt wegzulassen. Sie ist ihr Geld nicht wert.

Der populärste Vorschlag, wie die Außenpolitik durch eine Weltinnenpolitik zu ersetzen, ist Kants Schrift zum Ewigen Frieden. Bekanntlich hat sich Hegel über diesen »philosophischen Entwurf« eines friedliebenden Fürstenbundes ebenso lustig gemacht wie Lenin über Kautskys *marxistischen Entwurf* eines friedliebenden Kapitalistenvereins, und eigentlich schon mit demselben Gegengrund: »Der Staat« – der Konzern – »ist Individuum und in der Individualität ist die Negation wesentlich enthalten«. Allerdings ist weder Hegels noch Lenins Beweisführung sehr volkstümlich geworden. Man kann nicht beides sein, Realist und dann auch noch beliebt.

Napoleons Versuch einer politischen Ökumene scheiterte in gleichem Grade wie der Metternichs; den Völkerbund und die Vereinten Nationen schäme ich mich fast zu erwähnen. Es gab einen erhabenen Ansatz zur Weltinnenpolitik, die 3. Internationale. Die Außenpolitik blieb Sieger.

Wenn schon Klassenkämpfe auf unbegrenzte Zeit nicht absprechbar sind und gelegentlich doch immer zu gewaltsamen Erschütterungen führen, wie wenig dann solche unter souveränen Klassen, den Staaten und Monopolen, deren Begierden durch kein Rechtsverhältnis geregelt sind als durch das Sollen des Völkerrechts, an das sich im Ernst noch keiner gehalten hat. Schon ein innerer Frieden kann anders nicht gedacht werden als bei vergesellschaftetem Eigentum und unter der Bedingung eines überquellenden Erzeugungsreichtums, der die sozialistischen Klassen der Not enthebt, sich mit Mord und Totschlag gegeneinander anzustrengen. Ein äußerer Frieden gar – ein Weltzustand, der mehr ist als ein aus schießtechnischen Erwägungen waffenloser Weltkrieg – ist eine noch fernere Einrichtung; er ist möglich unter der Bedingung des Weltsozialismus und des Weltüberflusses. Die entscheidende Voraussetzung für Weltinnenpolitik nämlich ist nicht die Welt-Verfassung, sondern der Welt-Klassenfrieden. Was die zur Weltinnenpolitik umgewälzte Welt vom alten Großreich unterschiede, wäre das Aufhören der ungleichmäßigen Entwicklung aller sozialistischen Länder.

Die Sache ist nicht undurchführbar. Sie ist keine Utopie, an die man mit Wünschen geht; sie ist ein Ziel, zu dem man den richtigen Hebel ansetzt. Sie gehört nicht ins Wunderland der Phantasie, sie gehört in die Zukunft.

Ich halte nichts davon, Übel für ewig anzusehn, nur weil sie von jeher sind. Ich bin ganz sicher, daß die Molekularbiologie die meisten Krankheiten abstellen wird und die Atomphysik den Energiemangel. Bis dahin werden wir noch an Krebs sterben und unter schmutzigen Bäumen wandeln. Ich verlange von keinem, daß er sich mit Außenpolitik wohlfühlt. Aber mit der bestimmteren Vorstellung vom Ende der Außenpolitik besitzen wir überhaupt erst einmal ein Denkwerkzeug, das uns befähigt, gute Außenpolitik von schlechter Außenpolitik zu unterscheiden. Gute Außenpolitik, das ist Außenpolitik zur Abschaffung der Außenpolitik. Das Ende der Außenpolitik wäre der Anfang der Geschichte.

Über Lessings Begriff von der Schauspielkunst

»Es gibt der Himmel oft uns Könige aus Rache«.
Voltaire, »Semiramis«

»Meine Herren, Platz für das Gespenst, belieben Sie, das Gespenst durchzulassen«. – Dieser Ruf erscholl bei der Uraufführung der »Semiramis«. Der ihn ausstieß, war der Dichter selbst, Voltaire; dem er galt, war der adelige Pöbel, der auf der Bühne sich aufhielt. Zuschauer auf der Bühne sind also keine neue Errungenschaft. Neu ist vielleicht, daß man heute, in unserer fabelhaften Gegenwart, aufgehört hat, Voltaire als Verdienst anzurechnen, daß er sie von dort vertrieb.

Das Gespenst indes, welches an jenem denkwürdigen Tage so schwer zu Wort kam, war der Schatten des Ninus, des von seiner Frau Semiramis ermordeten Königs von Babylon. Es sollte diese Behinderung sein letzter Verdruß nicht sein. Neunzehn Jahre später meldete sich ein Mann, der ihm abermals den Platz auf der Bühne streitig machte. Der Mann war Lessing.

Er warf dem Schatten vor, daß er, anders als der Geist des alten Königs Hamlet, sich im Hellen zeigte, mitten im Prunksaal, wo Babels Große tagten. »Shakespeares Gespenst kömmt wirklich aus jener Welt; so dünkt uns. Denn es kömmt zu der feierlichen Stunde der Nacht, in der vollen Begleitung aller der düstern, geheimnisvollen Nebenbegriffe, wenn und mit welchen wir, von der Amme an, Gespenster zu erwarten gewohnt sind. Aber Voltaires Geist ist auch nicht einmal zum Popanz gut«. Lessing weigerte sich, dem Ninus zu glauben, daß es ihn gebe. Es gibt nichts Kränkenderes, das man einem Spuk ins Gesicht sagen kann.

Ich lasse die Gründe unerörtert, die beide, Lessing sowohl als Voltaire, für die Erlaubnis, die Gespenster im Drama haben, beibringen. Voltaires Gründe sind altertumskundlicher Art, Lessings Gründe haben mit Einfühlung zu tun. Die einen sind so flach wie die andern; die Geschichte der Gattung ist über sie hinweggeschritten. Ans Eigentliche rührt weder der Deutsche noch der Franzose. Wir haben es mit umgebrachten und wiedererschienenen Königen zu tun, aber von Königsgeschäften fällt in dem ganzen Dichterstreit kein Wort.

Die Ästhetiker des 18. Jahrhunderts haben ein erstaunliches Vermögen, über Dinge der Politik hinwegzusehen, auch wenn sie von ihnen umtürmt sind. Was steckt dahinter? Blindheit, Verdrängung, Verstellung? Es ist sicherlich Verstellung; es ist wohl erweislich, daß sie die politischen Fragen, über die sie schweigen, kennen. Aber der Kellnerblick, mit dem sie nicht hinsehn, verleiht ihrer Unbefangenheit einen Hauch von Irrsinn.

Der vom Nachfolger gemeuchelte König ist in der Dramatik ein Gemeinort. Offenkundig erzählt er mehr als ein bloßer Todes- oder Erbfall. Er ist ein gefühlsgeladenes Bild für Verlassen der Fußtapfen, Herumreißen des Ruders, Abschaffung der getroffenen Anstalten. Dem alten König ist nicht nur das Leben geraubt, sondern sein Hineinwirken ins gemeine Wesen; nicht nur seine Gurgel hat einen Einschnitt erfahren, sondern der Volkskörper. Der Nachfolger will der Fortsetzer nicht sein. Ganz gleich, ob der Nachfolger den Staat vorangetrieben oder zurückgewälzt hat – der Vorgänger empfindet den Mord an den Staatsgewohnheiten als Verbrechen; um ihn umzukehren, hüllt er sich in sein Laken und kommt wieder.

Man kann also über den Geist des Hamlet und den

Geist des Ninus nicht reden, ohne über die Zwecke zu reden, die sie verfolgten, als sie noch herrschten.

Wir erinnern uns an die »Hamlet«-Fabel. Der König Claudius schickt sich an, eine forteiternde Fehde zu beenden, die zur Zeit von Hamlets Vater, des jetzigen Gespensts, begonnen hatte. Seine Bemühungen werden von einer romantischen, einer überlinken und -rechten Fronde (geschichtlich: den Essexianern) vereitelt; das Gespenst siegt, und der Rest ist Schweigen. Auffällt, daß Shakespeare den alten Hamlet »Anlaß dieses Kriegs« nennt; der letzte Anlaß, strenggenommen, ist ja der alte Fortinbras. Diese Ungenauigkeit erhärtet, wie sehr Shakespeare das Gespenst verabscheut und zum Übeltäter stempelt. Es erscheint »in vollem Stahl«, »geharnischt vom Wirbel bis zur Zeh«. Es hört nicht auf zu klirren und zu rasseln.

Im »Hamlet« mithin begegnen wir einem lebenden König, der für Königsmacht und Frieden, und einem toten, der für Lehnswesen und Eisenfresserei steht. Der Nachfolger betreibt das Heil, das Gespenst verlangt das Unheil.

Den »Hamlet« kennen einige, die »Semiramis« keiner. »Das Stück gehört«, berichtet Lessing, »zu denen, in denen das Ganze bloß um eines letzten Sittenspruchs willen da wäre« – der Lehre nämlich, daß der Himmel schon zu sorgen wisse, daß Verbrechen sich nicht auszahlt. Das ist eine seltsame Zusammenfassung. Das Stück, das ich gelesen habe, hat folgenden Inhalt. Eine Königin hat, mit Beihilfe des hohen Adels, den König ermordet; die Bluttat hat ihre Alleinherrschaft begründet und zugleich entwertet; in dem Augenblick aber, wo der Adel zum Staatsstreich schreitet, gibt ihr das Gespenst die Kraft, die Krone mit dem Bürgertum zu verheiraten. – Wer ists?

Semiramis erscheint als Bauherrin, der Aufklärung

und den Künsten geneigt; auch ist sie Siegerin in großen Kriegen. Voltaire nannte Katharina II die Semiramis des Nordens. Ist alles klar? Sicher, nur: Katharina brachte ihren Peter 1762 um, und das Drama ist 1748 geschrieben. Die Philosophie der Geschichte entnehme ich meinem Kopf, ihre Zahlen dem großen Meyer. 1748 war Katharina mit Peter drei Jahre verheiratet und mußte sich bis zur Scheidung à la russe noch vierzehn Jahre gedulden. Poesie schreibt nicht ab, sie schreibt vor. Die Semiramis des Südens meint nicht die Semiramis des Nordens, sondern sagt sie voraus. Die »Semiramis«-Schelte der »Hamburgischen Dramaturgie« freilich liegt fünf Jahre nach Katharinas Gattenmord, und Lessing hätte Voltaires Weitsicht getrost ein wenig würdigen können.

Die Weitsicht reicht noch weiter. Das Selbstherrschertum hat seine Glanzzeit überschritten, ein Adelsputsch führt zur Machtübernahme durch die Bourgeoisie, eine konstitutionelle Monarchie wird gegründet, woher kennen wir das denn? Befinden wir uns nicht im Jahr 1789? Tatsächlich, erst bei Mirabeau endet der Gesichtskreis von Voltaires Dichteraugen. Was Voltaire kannte und mit Genauigkeit beschrieb, waren die Verhältnisse im auseinanderbrechenden Absolutismus. Mit der Semiramis gemeint ist also Ludwig XV, veredelt mit einem Schuß Pompadour. Es geht her wie bei Shakespeare auch und letztlich wie immer; ein Dramatiker, der einen König schreibt, schreibt seinen eigenen König. Ninus ist dann das Gespenst Ludwigs XIV. – Das »Jahrhundert Ludwigs XIV« wird Voltaire drei Jahre nach der »Semiramis«, mit Druckort Berlin, in zwei Bänden vorlegen. Ninus in Preußen. Warum sagt man von den Büchern wie von den Gespenstern, daß sie erscheinen?

Von der Handschrift des »Jahrhunderts Ludwigs XIV« wird Lessing einige Hefte stehlen und mit denen ins Ausland verschwinden, was nicht als Ulk entschuldigt werden kann. Handschriften waren in jenen Tagen vor dem Kohlepapier und dem Urheberrecht eine empfindliche Ware. Fielen sie Raubdruckern in die Hände, war das Geld weg. Voltaire wird die Polizei einschalten müssen, um sein Buch wiederzukriegen, und von da an wird Lessing an seinem großen Vorbild Voltaire kein gutes Haar mehr lassen. Ich sage nicht, daß dieser Kriminalfall die Ursache von Lessings Haß gegen Voltaire bildet. Aber die Ursache der Zwanghaftigkeit des Hasses ist er.

Warum sagt man von den Büchern wie von den Gespenstern, daß sie erscheinen? Beispielsweise besitze ich Urtext und Übersetzung der »Semiramis« in einer Ausgabe von 1811, die, wie ich zu meiner Verwunderung wahrnahm, in Wien hergestellt ist. Ninus in Wien? Die Ausgabe ist nicht ohne Ehrgeiz, aber sichtlich in Hast zusammengeschludert; mir war rasch klar, daß der Verleger die Zeit der Zensurerweichung nach dem Frieden von Schönbrunn und Napoleons Heirat mit der Marie Louise genutzt hatte. Später las ich bei Grillparzer, daß auch die deutsche Klassik (deren *Wirkungslosigkeit* auf Österreich ja jedenfalls nicht durchgeschlagen hatte; auch sie war verboten gewesen) ab 1810 freigegeben wurde: »Die Franzosen kamen nach Wien, und ein Nachdruck von Goethes Schriften erschien. Ich las Fausten«. Auf die Art lernte der Dichter die Dichter kennen und wäre anders vielleicht keiner geworden.

Ich habe über den sonderbaren Hang der Außenpolitik, sich in Kleinigkeiten zu verzetteln, oben schon gesprochen. Gelegentlich bewirkt er Gutes. Voltaire und Goethe im Tausch für eine Erzherzogin, das war für die österreichische Nation kein schlechtes Geschäft – würden wir finden. Aus dem Gesichtspunkt der österreichischen Innenpolitik freilich war es der helle Aberwitz und der Anfang vom Ende, und ich frage mich, was sich der neue Außenminister Metternich von dieser Art Einfuhren versprach. Meinte er, Napoleon würde auch nur einen Pfifferling auf das geben, was die Wiener so druckten? Diese außenpolitischen Gefälligkeiten sind, wie wenn einer, um gegen einen sich artig zu zeigen, ein Stück von dessen Bandwurm verschlänge. – Ich kehre jetzt endgültig zu Lessings Vergleichung des Voltairischen und des Shakespeareschen Gespensts zurück. Er nimmt dem Ninus übel, daß er sich anders beträgt als der Vater Hamlet: daß er nicht klirrt.

»Am hellen Tage, mitten in die Versammlung der Stände des Reichs, tritt das Voltairische Gespenst aus seiner Gruft hervor. Wo hat Voltaire jemals gehört, daß Gespenster so dreist sind? Welche alte Frau hätte ihm nicht sagen können, daß die Gespenster das Sonnenlicht scheuen und große Gesellschaften gar nicht gern besuchten?«

Je nun, so ganz alltäglich-nüchtern, wie Lessing sagt, beträgt sich der tote Ninus doch nicht, so wenig übrigens der tote Hamlet des bürgerlichen Anstandes so völlig enträt. (Auch der »geht zur Tür hinaus«, nicht durch die Wand). Wir hören Ninus über die Leitungstätigkeit der Semiramis heulen, daß die Pyramiden wackeln. Aber wenn man den Unterschied scharf will, muß man ihn auch gründlich wollen. Das eine Gespenst kommt aus dem babylonischen Turm, das andere aus der verdienten Hölle; das ist, worin sie sich unterscheiden.

Weshalb sollte der Sonnenkönig das Sonnenlicht scheuen? Der Fürst des goldenen Zeitalters, auch wenn er umgeht, behält gewisse Umgangsformen. Ninus ist ein höfisches und höfliches Gespenst, ein Gespenst nach den *Regeln für Gespensterschauspieler.* Wo anders sollte der Inbegriff des französischen Königtums sich sehen lassen als im Staatsrat? Wo anders würden wir Ulbrichts Geist erwarten als im Politbureau?

Wenn Lessing für richtig hält, in dieser einfachen Sache seine Amme zu Rat zu ziehen, besorgt er sich die Antwort mit der Frage. Er will die Selbstherrschaft ebenso moderig, ebenso mit Spinnweben behangen und mit Schimmel auf den Rippen wie das Rittertreiben; er will die neuen Fürsten mit den alten Dänen in einen Teufelstopf. Er will den Wiedergänger einer größern Vergangenheit mit dem einer dürftigen und zu Recht zurückgesunkenen verwechseln. Er will einmal keinen vorbildlichen Königsahn. Die volle Wahrheit ist, er will überhaupt keine Könige sehen. In seiner Ästhetik sind sie alle schon abgesetzt:

14. Stück: »Wenn wir mit Königen Mitleiden haben, so haben wir es mit ihnen als mit Menschen, und nicht als mit Königen. Macht ihr Stand schon öfters ihre Unfälle wichtiger, so macht er sie darum nicht interessanter«. – Das verstehe, wer mag. Wenn Drama Handlung ist, ist dieser Satz Unsinn.

Wir fangen an zu begreifen, daß Lessings Meinungsverschiedenheiten mit Voltaire solche politischer Art sind, die aber gleichsam ohne Kopf herumgeistern und sich als kunstphilosophische gebärden. Vom erreichten Stand der Gattung, von Voltaire, waren zwei Wege möglich: zurück zu Racine oder vorwärts zu Diderot. Lessing entschied sich für die Richtung nach vorn. Er betrieb nicht die Aufhebung der Klassik, er betrieb bloß deren Verneinung; so geschah ihm, daß er in einer Sackgasse landete und das deutsche Drama nach ihm zum andern Mal erfunden werden mußte.

Nachdem er festgestellt hat, daß es zu der ihm und seiner Amme bekannten Gemütsbeschaffenheit von Gespenstern schlecht stimmt, daß eines von denen den Mittag der Mitternacht vorzieht, setzt Lessing seinen Verriß mit einem weiteren Tadel fort. Es widerstrebt, sagt er, der Bühne, daß das Gespenst in eine Sitzung geht. »Wenn Voltaire einiges Augenmerk auf die Pantomime genommen hätte, so würde er die Unschicklichkeit empfunden haben, ein Gespenst vor den Augen einer großen Menge erscheinen zu lassen. Alle müssen auf einmal, bei Erblickung desselben, Furcht und Entsetzen äußern; alle müssen es auf verschiedene Art äußern, wenn der Anblick nicht die frostige Symmetrie eines Balletts haben soll«.

Aber, Herr Hamburgischer Dramaturg, das Problem: was tut die Versammlung? löst sich gerade in Babylon von selber. Sie fällt auf den Bauch.

Schließlich, ein Reichstag ist nicht, wie Sie und Ihre Amme meinen, eine »Menge«, sondern eine Gruppe. Die Gruppe ist in sich gegliedert und verfügt, als ganze, über Vorschriften des Betragens. Voltaire etwa weist die Regie so an: »Semiramis steigt vom Thron und tout le monde erhebt sich«. Wie? und jeder mit seiner Seele in den Augen? Jeder mit einer selbstempfundenen Bewegung? Waren Sie eigentlich je auf einem Staatsakt?

Natürlich ist kein Regisseur gehalten, ein bestimmtes Zeremoniell nachzuahmen. Unvermittelte Nachahmung ergibt Naturalismus, gleich ob es sich um Nachahmung eines Aufzuges oder eines Gesichtszuges handele. Der Regisseur wird gesellschaftliche Verabredungen in theatralische Verabredungen und Förmlichkeiten in Formen übersetzen. Ein Regisseur allerdings, der vernachlässigt, daß Menschen im öffentlichen Verkehr Bräuche einhalten und daß diese Brauchtümer stets auch Klassenzugehörigkeit anzeigen und Klasseneigenschaften ausdrükken – ein solcher Regisseur ist wahrscheinlich ein Pfuscher und jedenfalls kein Realist. Einen Menschen privatisieren ist ihn seiner halben Wirklichkeit entleeren. Einen Beamten privatisieren ist ihn auslöschen.

Ein heiliger Königsahn betritt die Ständeversammlung, was soll hieran der Bühne entgegen sein?

Noch einmal: ich fordere nicht unbedingt den Bauchfall, die Proskynese. Es ginge auch sehr wohl an, die Offiziere Haltung annehmen und die Priester (die in dem Stück ohnehin sämtlich verkappte Enzyklopädisten sind) still lächeln zu lassen. Was ich verlange, ist der breite Pinsel, mit dem große Maler und die Wirklichkeit Gruppen auftragen. Ich überlege, wie Lessing überhaupt Generalstände inszeniert haben will, ruhig auch ohne Gespenst.

Lessing, die eine entsetzliche Stelle zeigt es, besaß von allen Begriffen der Schauspielerei den niedrigsten. Jeder Statist ein bürgerlicher Hausvater! Jeder Kleindarsteller ein Komparserie-Solist! Ich wollte, ich müßte gegen Lessing nicht dauernd was finden. Aber er war einmal ein unverbesserlicher Protestant und Sektenmensch und, in Absicht auf das Theater, wirklich nichts besseres als ein Felsensteinianer.

Der Niedergang der Walfische

> »Woher der Walfisch kommt, darüber schweigen alle Zeugen, und das Übrige über sein Kommen sind falsche Gerüchte, sowohl über seinen himmlischen wie weltlichen Ursprung wie auch seinen Untergang«.
>
> *Bestienbuch, 15. Jahrhundert*

Der Walfisch hat in der »Jona«-Fabel keine Arbeit. Ich hätte ihn gut weglassen können oder sogar besser weggelassen, wäre ich nicht überzeugt, daß die Erwartungen des Publikums an eine Person oft die Hauptsache an der sind.

Gewiß, in dem Walfisch steckt, außer dem Propheten, auch eine Aussage über den Propheten. Der Walfisch bringt auf schöne und eindrucksvolle Art zur Erscheinung, daß da etwas ist, das den Jona zwingt, Ninive zu besuchen und zu sehen, was er, oder ein Teil von ihm, zu sehen lieber vermiede. Aber um die Unfreiwilligkeit der Reise zu zeigen, hätte schon die Tatsache der Reise genügt, mit welchem Fahrzeug immer.

Ich habe keinen Zweifel, daß Jona so ungern reiste wie fast alle schöpferischen Geister; übrigens ist wohl verbürgt, daß die Walfische selbst nur lustlos ihre Stelle verließen. »Die Seeungeheuer erreichen eine derartige Ausdehnung, daß sie ganz unbeweglich sind«, hat Plinius (IX-3); Aelian (V-4) bestätigt knapp: »Der Walfisch reist nie«, und Albert der Große fügt (XXIV-1/16) hinzu: »Weil er unbeweglich steht, nimmt er sehr zu, und dieser Fisch hat Speck auf seinem Rücken wie ein Schwein«. In der Rücksicht ist also der Walfisch eine bloße Verdopplung von Jona. Ob nun der Fisch den Propheten trug, oder ob der von sich aus sich auf den Weg machte – das eine wie das andere hätte hinlänglich erzählt, daß Jona von Gott geschluckt war.

Aber wie ich sagte, ich hatte in der Sache nicht die Wahl. Jona und kein Walfisch, das wäre nicht Jona. Das Drama wäre vielleicht bündiger ohne den Walfisch, aber der Held wäre nicht mehr er selbst.

Die Frage, ästhetisch derart geklärt, verwandelte sich in eine zoologische. Die höhere Wahrheit der Kunst darf die niedrigere Wahrheit der Wissenschaft überbieten, aber doch nicht verletzen. Die Jonageschichte, die im achten vorchristlichen Jahrhundert sich begibt, wurde wahrscheinlich im vierten aufgeschrieben; die Wissenschaft hatte mir zu beantworten: Konnte ein Walfisch zur Zeit des Aristoteles einen Mann unzerkleinert herunterbringen und vom Mittelmeer ins Land Assur befördern? Ich nehme hier gleich vorweg: er konnte. Die Walfische vermochten in jenen Tagen Vieles, was sie später nicht mehr vermochten. Der Walfisch im Tigris beispielsweise – er ist keine Erdichtung, er ist eine Beobachtung.

Juba II, der König von Numidien, war nicht nur der Schwiegersohn der Kleopatra und Freund des Augustus, er war auch ein großer Gelehrter. Dieser nämliche Juba nun »unterrichtet uns« (Plinius XXXII-4), »daß einmal ein Walfisch, 600 Fuß lang und 360 Fuß breit, einen Fluß Arabiens hinauf seinen Weg nahm«. Es ist nicht gesagt, wann der Vorfall sich begeben habe. Der Bericht könnte sich ohne weiteres auf Jonas Walfisch beziehen.

Bedauert werden muß, daß Aristoteles, der Zeitgenosse, sich kaum mit den Walfischen beschäftigt. Erst glaubte ich, er kennte sie nicht. Aber laut Plinius (IX-5) verkehrten die Walfische im Mittelmeer damals lebhaft, und noch Cuvier hat 1829 einen vor den Küsten des Languedoc herumschwimmen sehn. Der richtige Grund ist, daß es dem Aristoteles, wenn er über Tiere schrieb, nicht um Vollständigkeit ging. Er war Philosoph, kein Zählmeister. Was er gab, war eine Baubeschreibung, Seelenkunde und Sittlichkeitslehre der heidnischen Tierwelt. Es erwies sich als unumgänglich, neue Quellen zu benutzen. Selbst die nun, unbeschadet der Wahrscheinlichkeit, daß die wirklich alten Walfische über noch erstaunlichere Fähigkeiten mögen verfügt haben, stützen mein Stück.

Der schon mehrfach ausgehobene Römer Plinius ist der erste Naturforscher nach Aristoteles; er schrieb seine »Naturgeschichte« ungefähr im Jahr 50. Hundertfünfzig Jahre später, aber von Plinius unabhängig, legten der Sophist Aelian (»Von der Natur der Tiere«) und ein namentlich unbekannter Beobachter aus dem vordern Orient, der als der Physiologus geführt wird, ihre Ergebnisse vor.

Von den mohammedanischen Walfischen handelt, um das Jahr 1000 herum, der Seefahrer Sindbad (538. Nacht). Die christlichen Walfische erörtern der Scholastiker Albert, dem als einzigem Professor der Welt der Beiname »der Große« verliehen ist, sowie der früheste deutschsprachige Tierkundler Konrad von Megenberg und die verschiedenen Bestienbücher. Viel von dem, was diese letztern Verfasser vortragen, haben sie nicht selbst ermittelt, sondern von Plinius, Aelian und Physiologus abgeschrieben. Sie hatten keine Walfische, aber Literatur über Walfische. Man kann also sagen, mit ihnen beginnt die eigentliche Wissenschaft. Mit ihnen auch ist die Glanzzeit der Walfische vorüber. Von den bürgerlichen wie den sozialistischen Walfischen ist, wir werden das sehen, kaum mehr Aufhebens zu machen.

Durch all die genannten Zuständigen ist, so versprach ich, meine Stückeröffnung – die Hafenmauerschau sowohl als Jonas Reisebericht – bestätigt und abgesichert. Ich stelle unter Beweis: daß im Walfisch für Jona Raum war, daß der Raum vom Mund her betreten werden konnte und daß Jona in ihm nichts auszustehen hatte; ferner – ich bin lieber kleinlich als ungenau – daß der Walfisch Augenbrauen besaß, und endlich, daß er vom mittleren ins rote Meer hätte zu Fuß gegangen sein können, alles eben, wie ich es erzähle.

Ich könnte mir die Sache leicht machen. Ein Bestienbuch aus dem 12. Jahrhundert, das »Buch der Bestien«, sagt klar und ausdrücklich: »Es gibt ein ozeanisches Ungetüm, welches Walfisch (cetus) genannt wird – wegen der Erschrecklichkeit seines Körpers, und weil es dieses Tier war, das Jonah verschlang (excepit)«. Aber das Werk ist nicht ganz von dem Verdacht, für eine bestimmte Richtung Partei zu nehmen, frei; auch bin ich nicht sicher, daß die Übersetzung von Cetus in Schlingmonster jedem Tadel standhält. Ich verzichte also auf dieses Zeugnis – obgleich es *rezeptionsbiologisch* betrachtet, so wertvoll ist wie jedes andere, und ich erledige die Fragen in der Folge, in der ich sie aufgeworfen habe.

– Der römische Walfisch hatte (Plinius IX-2) eine Ausdehnung von vier jugera. Ein jugerum maß 72 mal 36 Meter, vier also 144 mal 72. Der Walfisch des Juba maß, wenn ich für den numidischen Fuß grobe 30 cm ansetze, 180 mal 108 Meter; wir können hieraus schließen, daß er älter, oder auch nur, daß er besonders groß war. »Also erhebt er sich dick über daz wazzer mit seiner unmaezigen groezen«, wie Konrad von Megenberg im »Buch der Natur« sich ausdrückt, und bis zum heutigen Tag hält der erfahrene Schiffer, wenn er eine in der Karte unverzeichnete Insel betritt, eine glühende Kohle oder brennende Tabakspfeife an den Boden, um herauszufinden, ob es nicht vielleicht ein Walfisch ist, auf dem der Sand lagert und die Bäume rauschen. Die Insel nämlich, falls sie ein Walfisch ist, taucht sie dann. – Albert der Große vermerkt in seinem Lehrbuch »Von den Tieren« die wichtige Einzelheit, »daß eine Höhle eines Auges fünfzehn Menschen mühelos faßt (und manchmal auch zwanzig)«. Ich denke, wo Jona im Auge Platz gehabt hätte, hatte er ihn wohl im Bauch.

– In den Bauch freilich gelangt man durch den Schlund, und jedes Kind weiß, daß das bei den Walfischen der Jetztzeit undurchführbar wäre. Unsere Walfische leben vom Krill; sie füllen ihren Wanst durch Verzehr einer Unmasse winziger Beutegeschöpfe, vergleichbar etwa einem Streichholzmonopol, das an einem Streichholz den Bruchteil eines Pfennigs verdient und doch satt wird. Die christlichen Walfische fraßen immerhin noch »kleine Fische«, man liest das bei Megenberg, im »Buch der Bestien« und bereits auch beim Physiologus. Auffallend nun ist, daß keine einzige heidnische Quelle einer Beengung oder Zuschnürung der Walfischkehle Erwähnung tut. Im Gegenteil: Aelians Wale jagen Thunfische, welche ja kaum kleiner sind als ein kleiner Prophet.

– Hierin wieder stimmen alle Autoren überein: Walfische verströmten einen angenehmen, ja betörenden Mundgeruch. Der Geruch diente ihnen zum Anlocken der Opfer, aber auch Jona wird sich dieses »süezen atems« (Megenberg) erfreut und in ihm wohlbefunden haben. Mundgeruch, schließlich, er kommt aus dem Magen.

– Des Walfischs Brauen stellt Albert im XXIV. Buch dar (1/15). Sie haben »an Länge acht Fuß oder auch mehr oder weniger, je nach dem, ob es ein größerer oder kleinerer Fisch ist«. Man kann gewissenhafter sich nicht ausdrücken. Der Fisch, erklärt Albert, benutzt die Brauen »als Abdeckung für die Augen in Zeiten großer Unwettergefahr«.

– Das für mich wichtigste Bedenken betraf lange den Punkt der Reisestrecke. Ich lasse ja den Walfisch Jona gleich bis nach Ninive bringen. Ich erspare damit der Erzählung einen Umweg, den die Bibel noch macht, habe nun freilich nicht einmal mehr Gottes Wort für mich. Die Möglichkeit, der Walfisch könne binnen dreier Tage Afrika umschwommen haben, muß aus Zeitgründen in den Aberglauben verwiesen und ausgeschlossen werden. Er kann nur durch die Wüste des Tumbladtals gegangen sein. Mein Glück will, daß die Quellen dem zustimmen, und zwar die besten. – Plinius (IX-2) berichtet, daß an einer Stelle des roten Meers »die Seeungeheuer, ganz wie das Vieh, die Gewohnheit hatten, aufs Land zu gehen« und dort zu weiden. Aelian macht (XVI-18) die gleiche Wahrnehmung. »Sie fressen Gras, aber auch Vieh und Tiere und insonders Früchte, wobei sie die Palmen mit ihren Leibern umschlingen und rütteln. Vor Sonnenaufgang verschwinden die Walfische in das Meer«. Vor allem aber kann ich mich in dieser Hauptsache auf Aristoteles selbst berufen. »Was sie dazu treibt, mitunter aufs Land zu gehen, weiß man noch nicht, sie sollen dies nämlich bisweilen tun, wenn es so trifft, ohne einen erkennbaren Grund« (631b). – Selbst wenn »Pharaos großer Graben«, jene Wasserstraße, die einen östlichen Arm des Nilmündungsdreiecks mit dem roten Meer verbindet, sollte gebaut gewesen sein, zweifle ich inzwischen, ob der Walfisch ihn benutzt hat. Ich denke an die Breite der alten Wale und die Enge der Grabenwände. Seit ich bei Cuvier las: »ihre beiden Flanken sind sehr empfindlich«, war die Sache für mich entschieden. Der Walfisch hat die Landstraße oder den Wanderweg genommen, wie deren an Kanälen entlangzuführen pflegen; ungescheuerten Leibs, von Palmen beschattet und dann und wann sich eine Dattel herunterschüttelnd. –

So viel und Umständliches von Jonas Walfisch. Er verdient Aufmerksamkeit, meine ich, nicht allein nur meines Trauerspiels wegen, sondern weit über es hinaus und in weit umfassenderem Betreff. Es ist auch dem fachlich Unbeschlagenen deutlich geworden, daß die Walfische des Altertums hochansehnliche Erscheinungen waren, Gestalten, wie die Neuzeit sie nicht mehr kennt. Ihre Damaligkeit war eine wirkliche Einmaligkeit. Den Beweis für die Stattlichkeit ihres Auftretens liefert ihre erstaunliche Atemtechnik.

Lavoisier entdeckte, daß Verbrennung in der Hinzufügung von Sauerstoff besteht. Bis zum Tage dieser Entdeckung mithin atmeten beide, Mensch und Tier, nicht, um sich, wie heute, künstlich zu heizen; man besaß der innern Wärme genug und atmete also vielmehr, sei es Wasser oder Luft, um sich abzukühlen – so wie Aristoteles das (589b) erklärt hat und wo von Reste noch im Hecheln der Hunde oder Uhus sich betrachten lassen. Die klassischen Walfische nun waren so heißblütige und glutvolle Naturen, daß sie, mitten in ihrer Meeresfrische, über zweierlei Weisen des Atmens und Sichkühlens verfügten: sie atmeten erstens durch ihr Spritzloch und zweitens mittels ihrer Lunge. Dieses doppelte Kühlverfahren ist es, dem Aristoteles seinen ganzen Scharfsinn widmet und das Rückschlüsse auf ihr eingeborenes Feuer erlaubt. »Die Seeungeheuer nämlich sind an beidem beteiligt, sie nehmen Wasser ein und geben es durch das Spritzrohr wieder von sich, und außerdem Luft durch die Lunge« (589a). Albert der Große kannte sogar Walfische, die noch auf eine dritte Art, mit den Zähnen, atmeten (II-7/79; XXIV-1/14). »Und ihre Zeugungskraft«, fügt er (XXIV-1/16) beeindruckt hinzu, »wird durch die fortwährende Kälte des Wassers nicht abgetötet«.

Aber Albert beschreibt einen Gipfel, der zugleich der Beginn des Abstiegs ist.

Die Walfische begannen, unter der Gewissensfrage

der »unkäusche« zu leiden. Wenn sie zwar zwischen den Eisbergen zeugungskräftig waren, wurden sie doch nervenkränklich und dachten über Schuld nach; am Ende vermochten die christlichen Walfische nicht mehr als einen einzigen Beischlaf auszuüben, und sie bezahlten den mit ihrem sofortigen Untergang, ganz ähnlich wie der Cornet Rilke. (Und doch erkennen wir hierin noch Größe, gemessen an ihrer heutigen Neigung zum ursachlosen Massensuicid).

Vor allem erschrecken uns die bürgerlichen Züge, die Alberts Fische schon während des Mittelalters tragen. Sie sind jagdbar und tötbar und handelbar; eine Menge scheußlicher Bestecke sind gegen sie erfunden. »Zu meiner Zeit«, erzählt Albert (XXIV-1/17), »wurden mehrere gefangen, einer in Friesland. Als der Kopf des Tieres am Auge mit einer Harpune durchstochen wurde, kamen elf Krüge Fett heraus. Und dieses Fett und die Krüge sah ich selbst. Und der Bruch des Kopfes gibt einen Ton, als wenn ein Haus zusammenstürzt«. – Es ist der Markt, der dem »Meeraufwirbler« den Kopf gebrochen hat. Der Walfisch wird zur Ernährungsgrundlage. Bei Albert die der Friesländer, heute die von Greenpeace, es spielt kaum eine Rolle mehr.

»Was die Alten schreiben, übergehen wir«, sagt Albert (XXIV-1/19), »weil es nicht mit den Beobachtungen übereinstimmt«. Je neuer die Beobachtungen, desto unübersehbarer das Herunterkommen und der Niedergang. George Cuviers klassizistische Walfische, wenn ich seinem »Grundlegenden Schaugemälde der Naturgeschichte der Tiere« von 1797 folge, stehen in ihren Abmessungen fast genau zwischen denen des Plinius und des Brehm. »Er kann bis zu 150 Fuß an Länge erreichen«, das sind also 45 Meter.

Ich habe das »Urania Tierreich«, gedruckt 1966 zu Leipzig, vor mir liegen, ein Werk, das den sozialistischen Walfisch schildert. Es ist in einem rückgewandten Tonfall gehalten, wehmütig, entsagend und an die Erinnerung verloren. Es spricht vom »größten Säugetier *unseres Erdzeitalters*«; zu Recht, denn der größte sozialistische Walfisch hat eine Länge von kläglichen 31 Metern, von der Breite will ich nicht reden. »Zähne«, klagt Urania, »haben sie alle *nicht mehr*«. Sie sind, formuliert Urania, *»rezent«* – was ich nur mit rückschreitend oder abtretend einzudeutschen wüßte.

Diese Epigonen werden nur um ihrer Ahnen willen noch bemerkt. Sie leben auf kleiner Flosse, sie schwimmen in geborgtem Ruhm. Sie springen nicht mehr über die Masten ... Ich unterbreche mich hier; denn ich wurde hier unterbrochen.

Ich komme, kurz vor dem Schluß meiner Abhandlung, auf einen Zeitpunkt zu sprechen, an dem sie noch unfertig war. Es gibt wenig, was peinlicher wäre. Es ist für den Leser stets entmutigend zu erfahren, daß ein Text nicht einfach da ist, sondern hat hergestellt werden müssen. Zum Werkbegriff gehört einmal ein gewisses Maß an Notwendigkeit. Das Werk soll lohnen, angenommen oder befehdet zu werden, und keinem ist mit der Nachricht gedient, daß es sehr wohl von ganz anderer Gestalt hätte sein können, wenn der Verfasser im letzten Sommer mehr Geld, eine anspruchslosere Freundin oder ein minder bohrendes Zahnweh gehabt hätte. Das Werk erscheine als Behauptung. Insofern es Geschichte hat, habe es sie in sich. Peinlich indes oder nicht, die Unterbrechung geschah. Sie wurde dadurch verursacht, daß – ich war eben dabei, die letzten drei Zeilen aus der Handschrift in die Maschine zu übertragen – der Professor O mich aufsuchte.

O ist ein Denker, mit dem ich oft streite. Zwar teile ich die meisten seiner Meinungen, aber er versteht meine Meinung niemals; daher der viele Streit. »Tippen

Sie ruhig zu Ende«, sagte er, »ich lese unterdes den Anfang«. Er bemächtigte sich der abgelegten Blätter; ich duldete es, weil wir befreundet sind. Ich beobachtete sein arbeitendes Gesicht und wartete, wie lange er aushalten würde, sich nicht zu äußern.

»Mich wundert«, sagte der Professor, »daß Sie den Satz aufstellen, die Walfische schrumpften.«

»Mich würde das Gegenteil wundern«, erwiderte ich. »Das einzige, was, soweit ich erkenne, sich auf dieser Welt noch ausdehnt, ist das Universum, und, ehrlich zu sprechen, ich glaube nicht einmal das.«

»Meiner Vermutung nach«, sagte er hartnäckig, »hat sich lediglich die Wissenschaft von den Walfischen, die man, beiläufig, richtig als Wale bezeichnen muß, geändert, nicht aber die Walfische selbst.«

»Selbst dann bleibt merkwürdig«, gab ich zurück, »daß, je größer die Wissenschaft wird, die Walfische desto kleiner werden.«

»Ich verstehe wohl, daß ein Scherz beabsichtigt ist«, sprach er drauf, »erachte jedoch für unbillig, der Wissenschaft ihre frühen Irrtümer entgegenzuhalten, statt zu bestaunen, wie trefflich die Alten in manchem Punkt bereits Bescheid wußten.«

»Heute soll man den mattesten Scherz nicht tadeln«, versetzte ich; »denn ein Scherz von 1986 ist genau 15 Mal so viel wert wie einer von 1971. – Aber so seien Sie doch vorsichtig!«

O's Blick fiel auf die neuzeitlich erhellte und neuzeitlich belüftete Glaskugel auf meinem Schreibtisch, an die er, glücklicherweise ohne sie umzuwerfen, gestoßen war. Im schwappenden Wasser stand ein grämlicher Kleinfisch, der den Professor aus winzigen Augen, wenn auch nicht ohne Ausdruck, anglotzte. »Aber das ist doch …«, rief der Professor. Er wischte sich die Brille, während der Walfisch von morgen, ähnlich einem Trinkwasserspender, wie man ihn auf abgelegenen Bahnhöfen zuweilen noch antrifft, ein spazierstockförmiges Strählchen mit angewiderter Miene aus seinem Stirnloch emporschnob.

INHALT

1. Auflage 1989

Einbandgestaltung Ines Bussenius
Typographie Kristina Niklaus
Offizin Andersen Nexö, Graphischer Großbetrieb,
Leipzig III/18/38
Printed in the German Democratic Republic
Lizenznummer 301. 120/11/89
Bestellnummer 614 029 5
00920

ISBN 3-351-01443-0